HILFE AUS EIGENER KRAFT

Die Probleme selbst in die Hand nehmen, die Herausforderungen des Lebens besser meistern: Fachleute aus Psychotherapie und Beratung geben Wissen, Rat und Lösungsvorschläge aus ihrer Erfahrung weiter – kompetent, verständlich und praxisnah.

Alle Bücher aus der Reihe ›Hilfe aus eigener Kraft‹ finden Sie unter:

www.klett-cotta.de/lebenshilfe

NATHALI KLINGEN

Sechs Superkräfte für Ihr Leben

Wohlbefinden kann man lernen

Klett-Cotta

Die digitalen Zusatzmaterialien stehen
auf folgender Website zum Download bereit:
www.verhaltenstherapie-muenchen.de

MIX
Papier | Fördert
gute Waldnutzung
FSC® C083411

Klett-Cotta
www.klett-cotta.de
J. G. Cotta'sche Buchhandlung Nachfolger GmbH
Rotebühlstraße 77, 70178 Stuttgart
Fragen zur Produktsicherheit: produktsicherheit@klett-cotta.de

Cover: Weiß-Freiburg GmbH
unter Verwendung einer Abbildung von © RyanKing999 / iStock by Getty Images
Gesetzt in den Tropen Studios, Leipzig
Abbildungen auf S. 56, 67, 68, 78, 148, 173: Viola Konrad
Gedruckt und gebunden von CPI – Clausen & Bosse, Leck
ISBN 978-3-608-86082-5
E-Book ISBN 978-3-608-12073-8
PDF-E-Book: ISBN 978-3-608-20612-8

1. Nachdruck, 2025

Bibliografische Information der Deutschen Nationalbibliothek
Die Deutsche Nationalbibliothek verzeichnet diese Publikationin der Deutschen
Nationalbibliografie; detaillierte bibliografische
Daten sind im Internet über http://dnb.d-nb.de abrufbar

Inhalt

1 Einführung 9

2 Überblick: Worum es geht und wie dieses Buch funktioniert 16

3 Die sechs Superkräfte 22

3.1 Am Anfang: Kreative Hoffnungslosigkeit 23

3.2 Superkraft 1: Achtsamkeit – anwesend sein im Augenblick 30

Achtsamkeitsübung 1 – Variante 1: Die Stärkung des »Achtsamkeitsmuskels« 33

Achtsamkeitsübung 1 – Variante 2: Zehn Atemzüge für unterwegs 34

Achtsamkeitsübung 1 – Variante 3: Der geschenkte Augenblick 35

Achtsamkeitsübung 2: Der leichte und der noch leichtere Weg 36

Achtsamkeitsübung 3: Achtsames Gehen 38

Achtsamkeitsübung 4: Achtsamkeit im Alltag 39

3.3 Superkraft 2: Defusion – Abstand gewinnen 44

Defusionsübung 1: Defusion – wozu überhaupt? Oder: Wie unser Hirn arbeitet 50

Defusionsübung 2: Das Speichelglas 51

Defusionsübung 3: Der Lottogewinn 52

Defusionsübung 4: Strichliste der Gedanken 54

Defusionsübung 5: Mein Gedankenstrom. 55

Defusionsübung 6: Gedanken benennen (»Mein Geist sagt gerade ...«) 57

Defusionsübung 7: Die Lieblingsgeschichte würdigen . . . 58

Defusionsübung 8: Blätter im Fluss 59
Defusionsübung 9: Radio »Grübel« 61
Defusionsübung 10: »Anders mit Gedanken umgehen« – eine kleine Sammlung verschiedener Defusionstechniken 61
3.4 Superkraft 3: Akzeptanz – annehmen, was *ist* 65
Akzeptanzübung 1: Das kleine blaue Schweinchen, oder: Was kann ich kontrollieren? 71
Akzeptanzübung 2: Meine Lebenskiste 73
Akzeptanzübung 3: Mein Gefühlsraum, oder: Gefühle akzeptieren 74
Akzeptanzübung 4: Der Akzeptanzschalter 77
Akzeptanzübung 5: Das Tagebuch des Innehaltens 80
Akzeptanzübung 6: Die Ich-kann-nicht-Mauer 82
Akzeptanzübung 7: Die Gefühlsformel für den Alltag 84
Akzeptanzübung 8: Auf die Haltung kommt es an 85
3.5 Superkraft 4: Das Beobachter-Selbst – sich selbst zuschauen können 88
Beobachter-Selbst-Übung 1: Der/die innere Beobachter:in 92
Beobachter-Selbst-Übung 2: Kurzversion für den Alltag 97
Beobachter-Selbst-Übung 3: Der Theatersaal 97
Beobachter-Selbst-Übung 4: Mein Selbstbild 98
Beobachter-Selbst-Übung 5: Perspektivwechsel in sechs Schritten 99
Beobachter-Selbst-Übung 6: Meine Lebensrollen 102
Beobachter-Selbst-Übung 7: Meine Gefängnissätze 102
Beobachter-Selbst-Übung 8: Mein Leben als Schachbrett – ein Gedankenexperiment 103

3.6 Superkraft 5: Wertekompetenz – der innere Kompass: wissen und wählen, was uns wichtig ist 107
Werteübung 1: 90 Kästchen 111
Werteübung 2: Blick zurück in Zufriedenheit 112
Werteübung 3: Rede zum 80. Geburtstag 113
Werteübung 4: Meine ganz persönlichen Werte 114
Werteübung 5: Die Zielscheibe 116
Werteübung 6: Die Wunderfrage 118
Werteübung 7: Unerledigte Geschäfte 118
Werteübung 8: Noch ein Jahr, ein Monat, heute? 119
Werteübung 9: Was hat mir früher Freude gemacht? . . . 120
Werteübung 10: Wert-volle Gespräche 120
Werteübung 11: Mein Werte-Tagebuch 121
Werteübung 12: Werte-Geschichten 121
Werteübung 13: Mein Geheimnis 122
3.7 Superkraft 6: Commitment – entschlossen handeln . . . 127
Commitmentübung 1: Mit ganzem Herzen, oder: Sprung vom Drei-Meter-Brett 130
Commitmentübung 2: Will ich's wirklich? Schritte zum entschlossenen Handeln 131
Commitmentübung 3: Der winzigste Schritt 132
Commitmentübung 4: Würzen und genießen 133
Commitmentübung 5: Ja, ich tu's – Selbstverpflichtung 133
Commitmentübung 6: Die Matrix 134

4 Was sonst noch hilfreich ist: Selbstmitgefühl, die Matrix, die Pausentaste 138

4.1 Selbstmitgefühl oder sich selbst ein:e gute:r Freund:in sein 138
4.2 Die Matrix und der Autopilot 147

5 Das Superkräfte-Workout 156
5.1 Wie und wo anfangen? 156
Übersicht: Die Superkräfte im täglichen Einsatz oder »Was setze ich wann ein?« 157
5.2 Wie weitermachen und dranbleiben? 160
5.3 Umsetzung im Alltag (Workout-Wochenpläne) 161
Das Superkräfte-Workout – Mein täglicher »Trainingsplan« 162
5.4 Was kann Ihnen noch helfen bei der Umsetzung Ihrer Superkräfte? 168
5.5 Warum ich dieses Buch geschrieben habe 170

Übrigens 175

Zu guter Letzt: Danke 176

Literaturverzeichnis 177

1 Einführung

All human beings are hurting – just some more than others.
In effect, it is normal to be »abnormal«.
(Hayes et al., 2016)

Wie, es gibt psychische Superkräfte?
Ja, klar – und das Beste ist: Sie verfügen bereits darüber. Sie brauchen sie lediglich ein bisschen zu kultivieren.
Warum hat mir das noch keiner gesagt?
Weiß nicht, ich sag's Ihnen jetzt.
Wenn ich das schon früher gewusst hätte ...
Das oder Ähnliches höre ich tatsächlich oft von meinen Klient:innen ;)
Macht nichts, besser jetzt als nie – denn der beste Zeitpunkt für Veränderung ist immer ... genau jetzt.

Also: Herzlich willkommen zu diesem Buch, aller Voraussicht nach wird es Ihr Leben verändern.

Und: Nein, das ist kein Chaka-du-kannst-alles-erreichen-was-du-nur-willst-think-positive-Buch. Ganz im Gegenteil! Dies ist ein Buch, das Ihnen ein anerkanntes und vielfach erprobtes Therapiemodell aus dem Bereich der Verhaltenstherapie und dessen praktische Anwendung in Ihrem Leben nahebringen möchte. Dieses Modell heißt Akzeptanz- und Commitment-Therapie oder kurz ACT (gesprochen in einem Wort, wie das englische Verb »to act«). Zu ACT später mehr.

Superkräfte – klingt zu gut, um wahr zu sein? Ja, stimmt. Ich würde das auch nicht glauben, wenn ich es hier so lesen würde. Die Superkräfte sind nichts anderes als Prozesse der psychischen Flexibilität und ihre hilfreiche Wirkung ist mittlerweile gut untersucht. Die psychologische Forschung belegt auf breiter Front die Wirksamkeit der ACT und ihrer sechs sogenannten Kernprozesse (Superkräfte), und zwar für nahezu alle Lebensbereiche. Ich selbst kann Ihnen guten Gewissens aus meiner persönlichen langjährigen Arbeit als Psychotherapeutin,

Lehrtherapeutin und Supervisorin diese Wirkung nur bestätigen. Seit mehr als 15 Jahren arbeite ich nun mit der ACT, sowohl in Einzelarbeit und Workshops mit Klient:innen als auch in der Weiterbildung und Supervision von Kolleg:innen. In diesen Jahren durfte ich immer wieder eindrucksvolle Veränderungsprozesse erleben. Das empfinde ich als ein großes Privileg und möchte daher diese wirkungsvolle und schöne Methode an Sie weitergeben. Aber das allein ist noch kein Grund, dass Sie mir die Wirksamkeit dieser Methode einfach blindlings glauben sollten. Probieren Sie sie einfach aus, schauen Sie, wie sie zu Ihnen und Ihrem Leben passt. Die hilfreiche Wirkung am eigenen Leib zu erfahren ist immer der überzeugendste Grund, etwas im eigenen Leben zu verändern.

Die Essenz der ACT und ihrer sechs Superkräfte ist *psychische Flexibilität*. Es hat sich gezeigt, dass dies eine der wichtigsten Voraussetzungen für ein zufriedenes, glückliches, gelingendes Leben und eine ganz wichtige Fähigkeit ist. Psychische Flexibilität verhilft uns dazu, unser Leben in all seinen Facetten anzunehmen und den unnötigen und erschöpfenden Kampf gegen unser inneres Erleben aufzuhören. Sie hilft uns dabei, uns unserem Leben zuzuwenden, so wie es gerade ist. Und das heißt auch, uns unserem Unbehagen, unserer Unzufriedenheit, unserem Leid, unserem Schmerz und allem, was eben gerade nicht passt in unserem Leben, zuzuwenden, und zwar auf eine offene und nichtwertende Art und Weise. Sie führt uns auch an die Stellen, wo es weh tut, denn genau dort sind oftmals die Dinge, die wirklich Bedeutung für uns haben, die uns wirklich und wahrhaftig am Herzen liegen; die Dinge, die wir verfolgen wollen, das Leben, das wir wirklich führen möchten. Die sechs Superkräfte verhelfen uns zu mehr psychischer Flexibilität und eröffnen uns damit mehr Handlungsspielraum. Das wiederum bedeutet für unser Leben mehr Offenheit, mehr Gelassenheit, mehr Freude, mehr Lebendigkeit – kurz mehr Lebensqualität.

Und dies sind die sechs Superkräfte. Im folgenden Kapitel werden sie näher erläutert:

Achtsamkeit – anwesend sein im jetzigen Augenblick: Ich richte meine Aufmerksamkeit bewusst und flexibel aus.
Defusion – Abstand gewinnen vom eigenen Denken: Ich löse mich von alten, nicht hilfreichen Denkmustern.
Akzeptanz – Annehmen, was *ist*: Ich entwickle eine annehmende Haltung gegenüber den eigenen Gedanken und Gefühlen.
Beobachter-Selbst – mir selbst von einem »sicheren Ort« aus zuschauen können: Ich reflektiere mein eigenes Selbstbild und erkenne einschränkende Selbstzuschreibungen als Konstrukt.
Wertekompetenz, der innere Kompass – wissen und wählen, was wichtig ist: Ich entdecke, was mir am Herzen liegt, was für mich ein gelungenes Leben bedeutet, unabhängig von den Erwartungen anderer.
Commitment – entschlossen handeln: Ich verfolge, was mir wichtig ist, und setze meine Werte um.

Die sechs Kernprozesse der ACT nenne ich in diesem Buch *sechs Superkräfte*, weil sie uns die Macht geben, unser Leben wirklich zu verändern (und natürlich auch, um Sie damit als Leser:in anzulocken – hat es funktioniert?). Man kann sie aber auch einfach *psychische Fertigkeiten* nennen. Und das Beste: Sie verfügen bereits über diese Fertigkeiten, Sie brauchen sie lediglich ein wenig zu kultivieren.

Wenn Sie ins Regal der Selbsthilfebücher schauen, dann finden Sie Selbstoptimierung auf breiter Front. Wir sollen unseren Selbstwert steigern, schlanker werden, Ärger in Gelassenheit verwandeln, in Krisen wachsen, jederzeit eine harmonische Partnerschaft führen, im Job erfolgreich sein, tolle und stets verständnisvolle Eltern sein, auf jeden Fall aber insgesamt mehr geregelt kriegen (und das alles bitteschön mit einem Lächeln und völlig mühelos und gut gelaunt) … Immer ist irgendetwas mit uns nicht in Ordnung, wir müssen uns verändern, wir sind nicht so, wie wir sein sollten, oder fühlen uns nicht so, wie wir uns fühlen sollten. Wir müssen also dringend unser Denken und unsere Emotionen verändern, denn offenbar haben wir irgendwelche Defizite in unserem Denken und Fühlen, die behoben werden müssen, bevor wir ein erfüllendes und zufriedenes Leben führen können.

Seltsamerweise tragen all diese Optimierungsversuche offenbar nicht dauerhaft zu mehr Zufriedenheit und Lebensfreude bei. Die Menschen scheinen nicht glücklicher zu werden. Psychische Erkrankungen nehmen insgesamt eher zu, und viele Menschen fühlen sich in ihrem Alltag belastet, sind unglücklich und unzufrieden, stecken in alten Mustern fest, fühlen sich überfordert, gehetzt, einsam, fremdbestimmt, nicht ausgefüllt, irgendwie »gefangen« und viele denken: »Das kann doch nicht alles sein.«

Da kann doch etwas nicht stimmen? Was, wenn genau diese ständigen Versuche der Selbstoptimierung unserer Gedanken und Gefühle das Problem darstellen? Was, wenn genau »mehr desselben« – also das fünfte Selbsthilfebuch, wieder eine neue Optimierungsstrategie, wieder eine neue Methode, die diesmal ganz bestimmt hilft –, was, wenn genau das der Kern des Problems ist? Und genau hier setzt die ACT an.

Haha, werden Sie jetzt sagen, auch die ACT ist doch wieder nur eine neue Methode. Ja und nein. Die ACT ist in der Tat mehr als eine Methode, sie ist ein Paradigmenwechsel – nämlich insofern als es hier nicht darum geht, die eigenen Gedanken und Gefühle zu verändern, sondern lediglich darum, eine andere *Umgangsweise* damit zu kultivieren. Das ist ein wesentlicher Unterschied. Was, wenn Ihre Gedanken und Gefühle ganz in Ordnung sind, so wie sie eben gerade sind? Halt, werden Sie jetzt sagen, das kann nicht sein, denn mir geht es ja nicht gut, also kann es nicht in Ordnung sein. Jahaaa, und sicher kennen Sie den einen oder anderen »problematischen« Gedanken der folgenden Liste (und dies ist nur ein kleiner Auszug, der »Klagen«, der belastenden Gedanken, die mich in meiner Praxis erreichen):

»Ich bin einfach nicht gut genug.«
»Ich bin ein:e Versager:in.«
»Ich bin peinlich.«
»Ich bin ungenügend.«
»Ich bin nicht liebenswert.«
»Ich enttäusche immer alle.«

»Alles, was ich anfasse, geht schief.«
»Ich bin inkompetent.«
»Ich bin mittelmäßig.«
»Ich bin zu dick.«
»Ich krieg nie etwas auf die Reihe.«
»Wenn die anderen mich wirklich kennen würden, würden sie nichts mehr mit mir zu tun haben wollen.«
»Ich bin widerwärtig.«
»Ich bin ein:e Spielverderber:in.«
»Ich bin ein:e Blender:in.«
»Ich bin langweilig.«
»Ich gehöre nie wirklich dazu.«
»Ich weiß nicht genug.«
»Keiner sieht mich.«
»In Wahrheit bin ich ein:e Loser:in.«
»Ich schäme mich für meine Angst.«
»Ich bin eine Mogelpackung.«
»Ich fühle mich wie ein:e Betrüger:in.«
»Ich bin falsch.«
»Ich bin naiv.«
»Ich kann nichts richtig machen.«
»Ich komme aus meinen alten Mustern nicht raus.«
»Ich mache alles falsch.«
»Ich bin anstrengend.«
»Ich bin eine Zumutung für andere.«
»Ich bin lästig.«
»Ich bin zu faul.«
»Ich bin zu verletzlich.«
»Ich kann keine Grenzen setzen.«
»Ich habe Angst, anderen nicht genug bieten zu können.«
»Niemand wird mich je verstehen.«
»Keiner kann mich aushalten.«
»Alle hassen mich.«
»Ich bin zu dumm.«

»Ich bin unfähig.«
»Niemand sonst fühlt sich so wie ich.«
»Ich bin einsam.«
»Ich werde nie jemanden finden, der mich mag.«
»Ich bin allen egal.«
»Ich bin nicht klug genug.«
»Ich kann niemandem trauen.«
»Alle finden mich blöd.«
»Es würde niemanden interessieren, wenn ich sterben würde.«
»Ich bin hässlich.«
»Ich sehe komisch aus.«
»Es wir nie besser werden.«
»Die ganze Welt ist gegen mich.«
»Immer passiert mir so etwas.«
»Ich bemühe mich so, alles richtig zu machen, aber dann habe ich immer Pech.«
»Wenn die anderen wüssten, wie ich wirklich bin, würden sie mich hassen.«
»Ich bin nicht selbstbewusst genug.«
»Ich bin anders.«
»Ich bin zu viel für andere.«
»Ich bin kaputt.«

Hand aufs Herz, bei wie vielen dieser Gedanken können Sie ein Häkchen machen?

Dann herzlich willkommen bei der menschlichen Spezies! Mit diesen und ähnlichen Problemen und Leiden schlagen wir uns alle herum. Wir. Alle. Jawohl.

Nun hat die psychologische Forschung im Umfeld der *ACT*[1] in den letzten Jahrzehnten herausgefunden, dass hinter all diesen Problemen

1 Einen aktuellen Überblick über den Stand der Forschung findet man auf der Homepage der *Association for Contextual Behavioral Science* (https://contextualscience.org): ACT Randomized Controlled Trials since 1986. Eine neuere Metaanalyse findet sich z. B. bei Gloster et al., 2020.

gemeinsame Strukturen liegen, dass alle diese Probleme von ähnlichen Denk- und Verhaltensweisen ausgelöst und aufrechterhalten werden. Hauptfaktoren hierbei sind Vermeidungsverhaltensweisen, allen voran die sogenannte Erlebensvermeidung (damit beschäftigen wir uns später noch) und psychische Inflexibilität. Und genau hier kommen nun die sechs Superkräfte ins Spiel.

Worum geht es bei der Kultivierung der Superkräfte? Um eine Reise ins Reich der psychischen Flexibilität. Und das bedeutet, bestimmte Fähigkeiten (weiter-) zu entwickeln und zu pflegen: die Kunst mit schwierigen Gefühlen und belastendem inneren Erleben gut umzugehen, alte Geschichten, mit denen wir uns selbst begrenzen, loszulassen, Ressourcen in uns (wieder) zu entdecken, uns zu ermöglichen, uns selbst und unser Umfeld auf eine neue und wertschätzende Art und Weise zu betrachten, mit unserem authentischen Selbst in Kontakt zu kommen, das (wieder) zu entdecken, was unser Herz möchte, und es dann zu verfolgen.

> Es geht schließlich im Leben nicht darum, optimal zu funktionieren, sondern darum, lebendig zu sein.

Und schon geht's los:

2 Überblick: Worum es geht und wie dieses Buch funktioniert

Was sehen Sie hier?

Ja klar, denken Sie jetzt bestimmt, das kenn ich schon: Das Wasserglas ist halb voll oder es ist halb leer, je nachdem, wie man es betrachtet und bewertet. Man könnte also eine negative Bewertung durch eine positive ersetzen.

Aber halt, nicht so schnell. Wir alle sind Bewertungsmeister, das können wir richtig gut. Weil wir es tagein, tagaus tun, und zwar ganz automatisch; wir beurteilen und bewerten alles in Blitzesschnelle, und das ständig. Aber geht es überhaupt darum?

Also noch mal zurück: Was fällt Ihnen zu dem Bild oben noch ein?

Vielleicht etwas wie:

»Juhu, ich *hab* ein Glas. Und jetzt schauen wir mal, *womit ich es heute fülle.*«

So oder so ähnlich können wir nämlich regieren, wenn uns unsere Superkräfte zur Verfügung stehen. Diese Haltung beinhaltet unter anderem Offenheit, Neugier, Präsenz, Nichtbewerten, Lebendigkeit – alles Zeichen psychischer Flexibilität.

Doch erst noch einmal einen Schritt zurück: Warum machen wir es uns oft selbst so schwer? Warum gehen unsere Gedanken und Bewertungen, unser inneres Erleben so oft automatisch ins Negative? Obwohl sich unsere (äußeren) Lebensbedingungen über die Jahrhunderte ständig verbessert haben, sind die Menschen nicht glücklicher und zufriedener. Psychische Erkrankungen werden häufiger.[2] Von vielen meiner Klient:innen höre ich Sätze wie: »Eigentlich ist mein Leben gut, warum geht es mir nicht gut?« Ja, warum machen wir es uns so schwer? Warum sind wir unzufrieden und unglücklich, warum können wir unser Leben nicht genießen? Wir haben alle möglichen Ängste, fühlen uns entfremdet, sehen keinen Sinn in dem, was wir tun, wir meinen, dass uns Selbstbewusstsein, Gelassenheit oder was auch immer fehlen, wir fallen immer wieder in alte Muster und ärgern uns darüber; wir fühlen uns gehetzt, wir sind gereizt oder allgemein unzufrieden mit uns und unserem Leben. Also noch mal: Warum machen wir es uns selbst so schwer? Die (zugegebenermaßen etwas vereinfachte) Antwort ist: weil wir alle noch ein Steinzeithirn haben. Während sich die Welt um uns herum mit atemberaubender Geschwindigkeit verändert, ist unser Hirn noch dasselbe wie einst in der Höhle. Unser Hirn ist darauf programmiert, Gefahren zu erkennen und dann entsprechende Handlungsimpulse in Gang zu setzen. Und das ist auch gut so. Es soll uns vor Gefahren bewahren. Und genau das tut es auch heute noch, allerdings eben nicht immer in einer nützlichen Art und Weise.

Sie kennen bestimmt das vielzitierte Beispiel vom Säbelzahntiger. Selbiger steht also plötzlich vor Ihnen. Ihr Gehirn vermeldet in Millisekundenschnelle Gefahr. Und jetzt kommt es zu der sogenannten Fight-Flight-Freeze-Response. Sie schalten entweder in den Kampfmodus oder in den Fluchtmodus oder Sie erstarren wie das berühmte Kaninchen vor der Schlange. Das alles passiert in einer unglaublichen Geschwindigkeit und ohne dass dabei bewusste Entscheidungsprozesse ablaufen. Wo dies allerdings damals im Angesicht des Tigers Sinn ergeben hat, ist das heute in vielen Situationen leider nicht mehr der Fall. Im Gegenteil: Wenn Sie beispielsweise mit sozialen Unsicherheiten kämpfen und Ihnen z. B. auf einer Party oder bei einer geschäftlichen Zusammenkunft Ihr Hirn Gefahr meldet, weil unbekannte Leute da

2 2017 hat die WHO Depressionen als Hauptursache für Arbeitsunfähigkeit benannt.

sind, dann ist das meist nicht förderlich. Ebenso wenig vorteilhaft ist es, wenn Sie nachts grübelnd aufwachen, weil Ihr Hirn in den Sorgenmodus schaltet und Ihnen alle möglichen vermeintlichen Gefahren vorgaukelt.

Unser Gehirn ist darauf programmiert, uns vor Gefahren zu schützen, und genau das tut es. So würden Sie auch jetzt in diesem Moment, während Sie diese Zeilen lesen, bei einem plötzlichen lauten Knall zusammenschrecken und sofort und unwillkürlich darauf reagieren. Wenn unser Gehirn also in Habachtstellung ist und uns Sorgen und Befürchtungen präsentiert, dann ist es nicht »krank« und tut auch nichts Dummes oder Schlechtes, sondern eben das, wozu es da ist, nämlich Ausschau zu halten nach allem, was uns gefährlich werden oder uns schaden könnte. Da die Gefahren unserer Zeit jedoch nur in den seltensten Fällen Säbelzahntiger sind, funktioniert das manchmal für uns gar nicht mehr so gut. Unseren Kampf gegen unser inneres Erleben können wir nicht gewinnen. Im Gegenteil, er kostet uns Energie, Lebenszeit und Lebensfreude.

Kleiner, aber essenzieller Exkurs: In diesem Buch geht es um inneres Erleben, nicht um äußere Bedrohungen und Belastungen oder gesellschaftliche Strukturen – die natürlich ebenso krank machen können. Die aktuellen Bedrohungen und Belastungen wie Kriege, die Klimakrise, die Pandemie, aber auch Likes in den sozialen Netzwerken, bestimmte gesellschaftliche Strukturen, drohender Arbeitsplatzverlust, soziale Isolation usw. sind ganz anderer Natur. Damit hier kein Missverständnis aufkommt: Natürlich wäre es in der Tat an vielen Punkten besser, direkt diese Umweltstrukturen anzugehen und zu verändern, als sich selbst an ein »dysfunktionales« System anzupassen oder sich mit »schädlichen« Bedingungen zu arrangieren. Schon Theodor W. Adorno sagte: »Es gibt kein richtiges Leben im falschen.« So kann es manchmal vielleicht besser oder gar notwendig sein, eine »Weltrevolution« anzuzetteln, als Introspektion zu betreiben und sich selbst zu verändern. Oftmals hat man aber diese Möglichkeit nicht oder nur sehr eingeschränkt. Dies ist jedoch kein Buch über gesellschaftliche oder systemische Veränderungen. Es ist mir allerdings wichtig, sehr deutlich zu machen, dass es bei der Kultivierung der eigenen Superkräfte keineswegs darum geht, inakzeptable oder schädigende äußere Gegebenheit zu akzeptieren. Es ist essenziell zu wissen, wann man im Äußeren etwas verändern soll und muss und wann dies nicht geht oder keinen Sinn ergibt. Manchmal kann es zielführender sein, bestimmte Dinge zu akzeptieren, um so überhaupt Kräfte für das eigene Handeln frei werden zu lassen (vgl. auch Kapitel 3.4).

Erfreulicherweise geben uns die modernen Verhaltenswissenschaften gute Antworten, wie wir damit auf eine andere Art und Weise umgehen können. Wir können unsere psychische Flexibilität trainieren, und zwar mit diesem gut erforschten Set von Fähigkeiten, den sechs Superkräften.

Und wie funktionieren denn nun diese Superkräfte? Hier erst mal ein kleiner Überblick:

Die sechs Superkräfte:
In gerader Schrift ist jeweils die Superkraft und ihre Wirkung zu lesen, in kursiver Schrift ist dargestellt, welche Probleme entstehen können, wenn einem die Superkraft nicht zur Verfügung steht.

Achtsamkeit.
Diese Superkraft befähigt mich, präsent, im jetzigen Augenblick zu sein und meine Aufmerksamkeit bewusst und flexibel auszurichten.
Ich laufe die meiste Zeit auf Autopilot.

Akzeptanz.
Diese Superkraft befähigt mich, eine annehmende Haltung gegenüber meinen Gedanken und Gefühlen einzunehmen. Ich kann mich meinem inneren Erleben öffnen und Raum geben für das, was ist.
Ich kämpfe die meiste Zeit mit meinen Gedanken und Gefühlen.

Werte.
Diese Superkraft befähigt mich zu wählen, was mir in meinem Leben wichtig ist, was mir am Herzen liegt, was für mich ein gelungenes Leben bedeutet, unabhängig von den Erwartungen anderer.
Ich weiß oft gar nicht, was mir im Leben wichtig ist, oder kann das, was mir wichtig ist, nicht verfolgen.

Defusion.
Diese Superkraft befähigt mich, mich von alten nicht hilfreichen Denkmustern zu lösen. Ich muss nicht alles glauben, was ich denke.
Meine Gedanken schubsen mich herum und sagen mir, was ich zu tun und zu lassen habe.

Beobachter-Selbst.
Diese Superkraft befähigt mich, mein eigenes Selbstbild zu reflektieren und einschränkende Selbstzuschreibungen als Konstrukt zu erkennen.
Ich bin in einschränkenden Rollen und Verhaltensweisen gefangen und falle immer wieder in alte, nicht hilfreiche Verhaltensmuster.

Commitment: entschlossenes Handeln.
Diese Superkraft befähigt mich, das zu verfolgen, was mir wichtig ist, und entsprechend meiner Werte zu handeln.
Ich tue häufig nicht das, was mir wichtig ist, bzw. tue Dinge, die mir schaden.

Im Folgenden stelle ich Ihnen die sechs Superkräfte genauer vor. Jedes Kapitel ist nach demselben Schema aufgebaut:
Kurz erklärt: Hier beschreibe ich die jeweilige Superkraft in wenigen Sätzen, sodass Sie sich sofort ein Bild davon machen können.
Länger erklärt: Es folgt eine etwas längere und detailliertere Erklärung, sodass Sie sich mit der Superkraft vertraut machen können.
Was die jeweilige Superkraft nicht ist: Dieser Absatz dient dazu, Missverständnissen vorzubeugen.
Wozu diese Superkraft dient: Hier erfahren Sie, wozu Sie diese Superkraft nutzen und was Sie erreichen können, wenn Sie die Superkraft kultivieren und es Ihnen immer öfter gelingt, sie in Ihrem Leben einzusetzen.
Wie geht's in a nutshell? Hier wird genau beschrieben, was wir tun, wenn wir die jeweilige Superkraft entwickeln und einsetzen.
Wie kann ich meine Superkräfte kultivieren (Übungen): Es folgen Übungen, mit denen Sie die Superkraft erfahren, erleben und üben können, und praktische Anwendungsbeispiele, wie Sie Ihre Superkräfte in Ihrem Alltag erfolgreich einsetzen. Viele der Übungen können Sie als Audio auf meiner Homepage abrufen (www.verhaltenstherapie-muenchen.de).
Stolpersteine: Zum Schluss führe ich jeweils noch ein paar typische Schwierigkeiten auf, die am Anfang manchmal auftauchen, denn schließlich geht es ja um ungewohnte und zum Teil neue Denk- und Verhaltensweisen.

Was Sie auch tun, entscheidend ist, dass Sie Ihre Superkräfte wirklich *ausprobieren* und *üben* und dann auch *regelmäßig in Ihrem Alltag einsetzen.* Die schönste Superkraft nützt nichts, wenn man nur theoretisch darüber liest und sie nicht anwendet. Geben Sie sich also selbst eine Chance und probieren Sie die Übungen wirklich aus – auch und gerade, wenn Ihnen manche Übungen zunächst komisch vorkommen mögen. Wie schon Erich Kästner sagte: »Es gibt nichts Gutes, außer: Man tut es.« Und so ist es auch mit den Superkräften, sie wollen angewendet werden! Schwimmen können Sie schließlich auch nicht durchs

Zuschauen vom Beckenrand aus lernen, Sie müssen den Sprung ins kühle Nass wagen und »es« tun.

Ich würde Ihnen empfehlen, das Buch Kapitel für Kapitel zu lesen und alle Übungen jeweils gleich auszuprobieren. Die Erfahrung zeigt, dass es am besten funktioniert, wenn man ein Kapitel liest, die Übungen gleich im Anschluss ausprobiert und sich dann jeweils mindestens eine Woche (besser zwei oder drei) Zeit lässt, um die neue Superkraft im eigenen Leben zu etablieren. Das Leben ist schließlich eine Reise und kein Wettlauf. Sie müssen aber die Kapitel auch nicht zwingend in der vorgegebenen Reihenfolge abarbeiten, Sie können auch da anfangen, wo es für Sie gerade spannend ist, die Reihenfolge der Kapitel ist nur ein Vorschlag. Wer es ganz eilig hat, kann auch schon vorspringen ins Kapitel 5.3 zu den Workout-Plänen und kann sich dort inspirieren lassen.

Auf jeden Fall: Gehen Sie bei allem **freundlich und liebevoll** mit sich selbst um, lassen Sie sich Zeit und – ganz ganz ganz wichtig – gönnen Sie sich **Freude** beim Ausprobieren. Dies ist kein Leistungswettbewerb, dies ist eine Reise in ein neues Lebensgefühl, Sie dürfen dabei spielerisch vorgehen und, jaaaa, sogar **Spaß** haben!

3 Die sechs Superkräfte

Das Geheimnis ist, dass es kein Geheimnis gibt.
(Unbekannt)

Was sind also diese ominösen Superkräfte, woher kommen sie und warum sollten Sie an sie glauben?

Einfach so glauben sollen Sie nicht, und schon gar nicht, weil ich das hier so hinschreibe. Auch nicht, wenn ich Ihnen erzähle, dass es mittlerweile jede Menge gut belegter Forschung zu den Superkräften und ihren positiven Wirkungen auf die Lebensqualität gibt.

Sie sollen sie vielmehr selbst ausprobieren und Ihre eigenen Erfahrungen damit machen. Und dann für sich entscheiden, ob Sie die Superkräfte in Ihrem Leben nutzen wollen. Sie müssen es auch nicht jetzt und nicht ein für alle Mal entscheiden. Das Gute ist, Sie können sich an jeder Weggabelung Ihres Lebens, an jedem Tag, in jeder Minute neu entscheiden. An diesem Punkt ist alles, was Sie brauchen, ein wenig Neugier, ein wenig Offenheit, neue und vielleicht seltsam anmutende Sachen auszuprobieren. Erlauben Sie sich diese Freiheit. Und für unterwegs: Vertrauen Sie Ihrer Erfahrung. Probieren Sie aus und erleben Sie selbst, was zu Ihnen und Ihrem Leben passt. Und mit Erfahrung meine ich nicht Ihren plappernden Geist[3], der Ihnen vielleicht gerade im Moment Dinge erzählt wie »so ein Unsinn, was soll das, wieder ein neues Selbsthilfebuch, mir kann eh keiner helfen, das geht schon so lange, wieso sollte sich diesmal etwas ändern, ich bin halt so« und so

3 Wenn ich im Folgenden von »Geist« spreche, so ist damit Ihr Gehirn gemeint, das Organ, das einerseits so nützlich ist, unser Überleben sichert und uns zu allen möglichen Höchstleistungen befähigt, das uns andererseits aber auch Steine in den Weg legen kann, wenn beispielsweise der/die innere Kritiker:in anspringt und uns »niedermacht« oder sich ein Furchterleben verselbstständigt oder man in endlosen und zermürbenden Grübelschleifen festhängt. Im englischen Sprachraum wird der schöne Begriff »mind« verwendet, für den es im Deutschen keine einheitliche Entsprechung gibt. In der deutschsprachigen ACT-Literatur haben sich die Begriffe Gehirn, Verstand und Geist eingebürgert.

weiter. Lassen Sie Ihren Geist ruhig im Hintergrund reden, er macht nur seinen Job – Sie müssen ihm aber nicht alles glauben. Und lassen Sie sich erst recht nicht von ihm vorschreiben, was Sie tun dürfen und was nicht. Egal, was Ihr Geist sagt, Sie sind frei, Dinge auszuprobieren. In diesem Sinne, lassen Sie uns sogleich mit Neugier und Offenheit loslegen:

3.1 Am Anfang: Kreative Hoffnungslosigkeit[4]

Rain in your heart.
And I with no umbrella.
Yet I will walk with you.
(Quelle unbekannt)

Lassen Sie uns vorab eine kurze Bestandsaufnahme machen, damit wir wissen, wo wir stehen. Überspringen Sie dieses kleine Kapitel mit dem seltsamen Namen nicht, denn es ist sehr wichtig. Hier legen Sie sozusagen das Fundament für die weitere Arbeit, für die Entwicklung Ihrer Superkräfte. Gönnen Sie sich also diese Zeit!

Sie lesen dieses Buch ja aus einem ganz bestimmten Grund. Sie sind an irgendeinem Punkt mit Ihrem Leben nicht zufrieden, haben ein (oder mehrere) Problem(e)[5], möchten etwas verändern, tappen immer

4 Wenn Sie jetzt denken »Oje, was soll denn das schon wieder heißen?«, dann haben Sie völlig Recht: merkwürdige Bezeichnung. Wie so viele Bezeichnungen in diesem Buch ist auch dieser Begriff aus dem amerikanischen Ansatz der ACT übernommen. Womöglich gibt es noch bessere Übersetzungen dafür, aber der Einheitlichkeit halber habe ich hier die Originalbezeichnung übernommen. Lassen Sie sich davon nicht abschrecken.

5 Wenn ich im Folgenden von »Problem« spreche, so meine ich damit das, weswegen Sie dieses Buch gekauft haben, das, was Sie loswerden, verändern, »verbessern« möchten. Wenn Sie das Gefühl haben: »Ich habe eigentlich gar kein Problem, ich möchte nur etwas gelassener werden, meinen Selbstwert verbessern, besser mit meinen Kolleg:innen klarkommen, ein paar Kilo abnehmen, von den Kindern nicht so genervt sein …«, dann ist das natürlich auch völlig in Ordnung. Dann beschreiben Sie in der Übung in diesem Kapitel anstelle eines Problems einfach dieses Ziel, diese Veränderung, die Sie erreichen möchten. Passen Sie die Fragen in der Übung einfach so an, dass sie für Sie und Ihr Anliegen passen.

wieder in dieselben »Fallen«, hängen in alten Mustern fest, schlagen sich mit Sorgen, Ängsten, depressiver Stimmung oder Selbstzweifeln herum oder haben einfach das Gefühl, dass es so nicht weitergehen kann.

Im Folgenden stelle ich Ihnen einige Fragen. Es gibt hier keine richtigen oder falschen Antworten, nur Ihre ganz persönlichen Antworten, die zu Ihnen passen und die Ihr Leben beschreiben, und den Punkt, an dem Sie gerade stehen. Fühlen Sie sich also ganz frei in Ihren Antworten und seien Sie auch sich selbst gegenüber ganz ehrlich (jaaaaa, auch und gerade, wenn Sie eine Antwort erschreckt, aufwühlt, traurig macht, beschämt oder sonst wie schwierig ist – das zeigt nur, dass Sie genau an der richtigen Stelle sind). Es geht hier ums genaue Hinschauen, um eine ehrliche Bestandsaufnahme. Sie können die Fragen im Geiste beantworten, besser ist es aber, wenn Sie es schriftlich tun. Und los geht's:

1. **Wo soll es hingehen?** Fassen Sie das, was Sie verändern möchten, möglichst kurz zusammen. Stellen Sie sich vor, dass über Nacht ein Wunder geschehen ist: Alle Superkräfte stehen Ihnen bereits zur Verfügung und Ihre Probleme sind gelöst. Wie sieht Ihr Leben jetzt aus, was machen Sie anders (wovon tun Sie mehr, wovon weniger)? Vervollständigen Sie dazu den folgenden Satz:
   Ich weiß, dass mir die sechs Superkräfte helfen, wenn
   ....
   ....
   ....
   ....

2. **Was haben Sie bisher schon alles unternommen,** um dieses Problem zu lösen oder diese Veränderung herbeizuführen? Zählen Sie alle Strategien auf, die Sie bislang angewendet haben, um Ihr Problem loszuwerden oder um Ihrem Ziel näherzukommen. Da es manchmal auch »versteckte« Strategien gibt, also Lösungsversuche, die wir gar nicht bewusst als solche erkennen, folgt hier eine kleine (unvollständige) Aufzählung möglicher und sehr verbreiteter

Lösungsversuche. Kreuzen Sie alles an, was Sie von sich kennen, und schreiben Sie unten Ihre weiteren bisherigen Lösungsversuche und Bewältigungsstrategien dazu:

- ☐ mir Sorgen machen
- ☐ über der Vergangenheit brüten
- ☐ über die Zukunft phantasieren
- ☐ mir Fluchtszenarien ausmalen (z. B. Kündigung oder Trennung oder ein Café in der Karibik eröffnen ...)
- ☐ mir Racheszenarien ausmalen
- ☐ grübeln
- ☐ mich zurückziehen
- ☐ denken: »Es ist so unfair, dass ...«
- ☐ denken: »Wenn doch nur ...«
- ☐ mir selbst Vorwürfe machen
- ☐ anderen Vorwürfe machen
- ☐ der Welt Vorwürfe machen
- ☐ herumschreien
- ☐ jammern
- ☐ zur Therapie gehen
- ☐ zum Arzt gehen
- ☐ Selbsthilfebücher kaufen
- ☐ beruhigende Selbstgespräche führen
- ☐ mit mir selbst positiv reden
- ☐ mit mir selbst negativ reden
- ☐ beten
- ☐ schlafen
- ☐ Serien gucken
- ☐ Videospiele spielen
- ☐ online shoppen
- ☐ chatten
- ☐ mich selbst analysieren (nach Gründen suchen, warum ich so bin)
- ☐ die Situation analysieren (nach Gründen suchen, warum mir das immer passiert ist)

- [ ] andere analysieren (nach Gründen suchen, warum die anderen so sind)
- [ ] Konsum von Substanzen (Getränke, Zigaretten, Drogen und Medikamente, aber auch Nahrungsmittel wie Schokolade)
- [ ] positive thinking
- [ ] so tun, als ob es mir egal ist
- [ ] versuchen, nicht daran zu denken
- [ ] krank feiern
- [ ] aufschieben
- [ ] aufs Schmollfeld gehen
- [ ] klauen
- [ ] nicht zu Partys gehen (soziale Kontakte vermeiden)
- [ ] Verabredungen in der letzten Minute absagen
- [ ] Ablenkung in sozialen Netzwerken
- [ ] soziale Netzwerke vermeiden
- [ ] mich selbst verletzen
- [ ] Kühlschrank leer essen
- [ ] Anrufe/Nachrichten nicht beantworten
- [ ] Gedankenstopptechniken
- [ ] Schlaftabletten nehmen
- [ ] sonstige Medikamente nehmen
- [ ] unnötige Dinge kaufen
- [ ] Weiteres (und jaaaa, auch das, was Ihnen vielleicht peinlich ist):

....

....

....

....

....

....

....

....

....

....

Uff, ganz schön viel, was Sie bisher schon ausprobiert haben! Was Sie schon alles gemacht und getan haben, um Ihr Problem in den Griff zu bekommen … Wir wollen uns das nun noch ein wenig genauer anschauen.

3. Stellen Sie sich jetzt die Frage: **Und was hat mich das alles gekostet?** Wenn Sie Ihre ganzen Strategien unter (2) anschauen, was hat Sie der Kampf mit dem Problem bislang gekostet? An Zeit? An Energie? An Geld? An Lebensqualität? Schreiben Sie alles auf, was Sie aufgrund dessen zu viel tun, zu wenig tun oder gar nicht tun, auf was Sie verzichten, was Sie vermeiden. Welchen Preis haben Sie gezahlt in Bezug auf Ihre Gesundheit, Ihre Arbeit, Ihre Familie, Ihre Freunde, Ihre Lebensfreude …?
   Meine Kosten:
   ....
   ....
   ....
   ....

Gar nicht so einfach, sich das so anzuschauen, ein ehrlicher Blick auf einen selbst kann manchmal ganz schön schmerzhaft sein. Toll, dass Sie sich darauf einlassen. Lassen Sie uns nun noch ein bisschen genauer hinschauen mithilfe folgender Fragen:

4. **Wie haben diese Lösungsversuche bislang für Sie funktioniert?** In Bezug auf Ihr Problem, Ihren Veränderungswunsch? Ist Ihr Problem über die Zeit besser oder schlechter geworden oder gleich geblieben? Sind Sie Ihrem Veränderungswunsch nähergekommen oder nicht? Beantworten Sie diese Frage unter kurz- und langfristigen Aspekten. Es kann sein – und ist sogar sehr wahrscheinlich – dass Ihnen Ihre Strategien unter (2) *kurzfristig* Erleichterung verschafft haben, Ihnen also jeweils kurzfristig geholfen haben. Wie aber sieht es langfristig aus? Vermutlich nicht so gut, denn sonst würden Sie ja nicht dieses kleine Büchlein lesen ;))

Kurzfristig:

....

....

....

....

Langfristig:

....

....

....

....

Und, haben Sie Ihr Ziel erreicht? Nein? Ist das Problem noch da? Ja? So ein Mist!

Feststeht also, Sie sind überhaupt nicht dumm oder faul, im Gegenteil, Sie haben in der Vergangenheit alles Mögliche ausprobiert, jede Menge Zeit, Energie und Kreativität aufgewendet, um mit Ihrem Problem besser klarzukommen, um Ihr Ziel zu erreichen. Vielleicht hat sich Ihr Leben zeitweise sogar hauptsächlich darum gedreht, dieses Problem loszuwerden oder dieses Ziel zu erreichen.

Und ich frage Sie an dieser Stelle nochmals: Wie hat das für Sie bislang funktioniert? Haben all diese Mühen Ihnen langfristig geholfen? Nein?

… denn das Problem ist noch immer daaaaaa!

5. Uff! Wenn Sie sich jetzt diese **Bilanz anschauen,** was geht in Ihnen vor? Nehmen Sie sich ausreichend Zeit, um zu schauen, was in diesem Augenblick alles in Ihrem inneren Erleben auftaucht. Welche Gedanken, Gefühle, Empfindungen, Bilder sind gerade da? Möglicherweise tauchen negative Selbstbewertungen auf, vielleicht serviert Ihnen Ihr Geist Sätze wie: »Jetzt versuchst du es schon so lange, du bist ein:e echt:e Loser:in, du wirst es nie schaffen.« Vielleicht tauchen Gefühle auf wie Wut, Trauer, Scham, Hilflosigkeit. Nehmen Sie dies alles wahr und – wichtig! – schimpfen Sie dabei nicht mit sich selbst. Im Gegenteil, gehen Sie freundlich, verständnisvoll

und mitfühlend mit sich selbst um. Sie haben nichts, aber auch gar nichts falsch gemacht. Sie haben bisher vieles ausprobiert und sind jetzt an dem Punkt, wo Sie feststellen, dass es langfristig so für Sie nicht funktioniert. Nehmen Sie sich einen Moment Zeit, um alles an Gedanken, Gefühlen und Empfindungen da sein zu lassen. Und nicht vergessen, dabei zu atmen.

KLEINE WAHRNEHMUNGSPAUSE

Wenn wir das Ganze jetzt noch einmal betrachten, kann es sein, dass Sie sich in einem »strange loop«, in einer merkwürdigen Endlosschleife, befinden? Dass vielleicht gar nicht das *Problem* als solches Ihr Problem ist, sondern Ihr Kampf dagegen, Ihre ganzen bisherigen Bewältigungsversuche und vermeintlichen Lösungsstrategien? Feststeht, Sie haben so viel ausprobiert, um das Problem unter Kontrolle zu kriegen – und das Problem ist nach wie vor da. Vielleicht hat es sich auch im Laufe der Zeit ein wenig gewandelt, aber grundsätzlich begleitet es Sie offenbar immer noch. Da kann doch etwas nicht stimmen?

Warum hat all Ihr Bemühen langfristig nicht den gewünschten Erfolg gebracht? Womöglich, weil es so nicht funktionieren kann. Nicht für Sie, nicht für mich, für niemanden. Für uns alle, die wir Mensch sind, funktioniert es nicht. Weil wir unser inneres Erleben nicht kontrollieren können. Es gibt hierfür keinen Schalter.

Oje – und was jetzt?
Bevor Sie umblättern: Setzen Sie sich einfach einen Augenblick hin und schauen Sie, was jetzt gerade in Ihnen vorgeht. Nehmen Sie sich diesen Moment ganz in Ruhe und lassen Sie alle Gedanken, Gefühle und Empfindungen, die jetzt auftauchen, einfach da sein und betrachten Sie sie. Werten und urteilen Sie nicht, nehmen Sie einfach nur wahr.

KLEINE WAHRNEHMUNGSPAUSE

Vielleicht ist es an der Zeit, aus der Schleife auszusteigen, den ganzen Kampf ruhen zu lassen und nicht mehr »mehr desselben« zu machen. Vielleicht ist es an der Zeit, etwas Neues auszuprobieren – etwas radikal Neues. Sind Sie bereit dafür? Für einen ganz neuen Weg? Für etwas, das vieles, was Sie bislang als normal erachtet haben, in Frage stellt? Für etwas, das viele Ihrer bisherigen Annahmen auf den Kopf stellt? Dann lassen Sie uns gemeinsam Ihre sechs Superkräfte kultivieren – herzlich willkommen bei der ACT!

3.2 Superkraft 1: Achtsamkeit – anwesend sein im Augenblick

Die wichtigste Zeit ist nur eine:
der gegenwärtige Augenblick.
Nur darüber haben wir Macht.
(Lew N. Tolstoi)

Bevor Sie weiterlesen: Legen Sie das Buch kurz beiseite und nehmen Sie einen Atemzug. Richten Sie dabei Ihre ganze Aufmerksamkeit auf diesen Atemzug und nehmen Sie ihn mit allen seinen Facetten wahr. In diesem Augenblick gibt es nichts als diesen einen Atemzug. Konzentrieren Sie sich ganz und gar darauf.
Tun Sie das jetzt.

KLEINE WAHRNEHMUNGSPAUSE

Fertig? Voilà, das ist Achtsamkeit. Gratuliere, Sie haben gerade Ihre Superkraft der Achtsamkeit eingesetzt.

Vorab: Der Begriff der Achtsamkeit hat in den letzten Jahren viel durchmachen müssen und ist auch häufig recht großzügig oder gar missbräuchlich verwendet worden. Daher ist es mir wichtig festzuhalten, dass Achtsamkeit nichts Esoterisches ist. Man muss dazu auch keineswegs Om-singend im Lotussitz auf dem Meditationskissen sitzen.

Man muss auch nicht »der Typ oder die Typin« dafür sein. Ganz im Gegenteil, Achtsamkeit ist etwas, das wir alle »können«, über das wir alle bereits verfügen, wie Sie an der kleinen Übung oben gesehen haben. Es ist die Fähigkeit, ganz und gar im Augenblick präsent zu sein. Damit ist Achtsamkeit sozusagen das Fundament aller Superkräfte.

Kurz erklärt: Achtsamkeit bedeutet, ganz und gar im augenblicklichen Moment anwesend zu sein – *wirklich* anwesend zu sein. Und zwar mit allen unseren Sinnen. Oder wie schon Karl Valentin sagte: »Heute will ich mich besuchen, mal sehen, ob ich zu Hause bin.«

Länger erklärt: Das bedeutet nicht mehr und nicht weniger, als uns ganz auf das einzulassen, was gerade *ist*, genau *hier*, genau *jetzt;* also komplett im jetzigen Augenblick mental (und natürlich auch physisch) präsent zu sein. Es bedeutet, unseren »Aufmerksamkeitsscheinwerfer« ganz auf das zu richten, was wir gerade in diesem Augenblick erleben, im Inneren und im Äußeren. Es ist somit das Gegenteil von Auf-Autopilot-laufen oder Multitasking.

Gut auf den Punkt bringt es diese kleine »Weisheit des Mönches« (aus dem Zen-Buddhismus): Die Zen-Schüler fragten ihren Meister: »Wie gestaltest du denn dein Leben, dass du so bist, wie du bist, so gelassen und so in dir ruhend?« Der Zen-Meister antwortete: »Wenn ich gehe, dann gehe ich. Wenn ich esse, dann esse ich. Wenn ich schlafe, dann schlafe ich.« Da fielen ihm die Schüler ins Wort: »Wieso? Das machen wir doch auch, was machst du anders?«

Der Zen-Meister antwortete wiederum: Wenn ich gehe, dann gehe ich. Wenn ich esse, dann esse ich. Wenn ich schlafe, dann schlafe ich.«

Die Schüler antworteten enttäuscht und ungeduldig: »Das wissen wir jetzt. Das tun wir alles auch!«

Der Zen-Meister antwortete wiederum: »Nein, eben das tut ihr nicht: Wenn ihr geht, denkt ihr ans Essen und wenn ihr esst, dann denkt ihr ans Schlafen. Wenn ihr schlafen sollt, denkt ihr an alles Mögliche. Das ist der Unterschied.«

Achtsamkeit ist also ein mentaler Zustand der Aufmerksamkeit,

Offenheit und Präsenz. Er bedeutet, sich nicht in seine Gedanken zu verstricken, nicht in der Zukunft oder der Vergangenheit herumzuhängen, sondern sich ganz auf die Erfahrung, das Erleben des aktuellen Augenblicks einzulassen. Es bedeutet, gegenwärtig zu sein. Es bedeutet auch den eigenen »Aufmerksamkeitsscheinwerfer« gleichzeitig auf das Erleben der Innenwelt und der Außenwelt richten zu können.

Der österreichische Psychiater Viktor Frankl hat das sehr schön zusammengefasst: »Zwischen Reiz und Reaktion gibt es einen Raum. In diesem Raum haben wir die Freiheit und die Macht, unsere Reaktion zu wählen. In unserer Reaktion liegen unser Wachstum und unsere Freiheit.«

Mit dem Kultivieren der Superkraft Achtsamkeit erlauben wir uns, den Augenblick in seiner Gänze zu würdigen. Denn (Er-)Leben kann nur im jetzigen Moment stattfinden. Achtsamkeit ist somit eine Grundvoraussetzung der Selbstregulation.

Was Achtsamkeit nicht ist: Eine Entspannungsmethode, ein Kontrollinstrument, esoterische Nabelschau, ein Tool, um irgendetwas in den Griff zu bekommen. Und Achtsamkeit ist weder schwierig noch langweilig.

Wozu diese Superkraft dient: Der Kontakt mit dem gegenwärtigen Augenblick ist das Fundament, das uns erlaubt, flexibel auf die Gegebenheiten der Situation reagieren zu können und nicht automatisiert alten (und oftmals nicht hilfreichen) Mustern und Regeln zu folgen. Wir erfahren, dass wir unser inneres Erleben (also auch unangenehme und beängstigende Gefühle) einfach nur wahrnehmen können, ohne dass wir unmittelbar darauf reagieren müssen, ohne dass uns unsere Gefühle und Gedanken zu irgendeinem Verhalten »zwingen«. Dadurch gewinnen wir jede Menge Entscheidungs- und Handlungsfreiheit. Wir können **wählen**, wie wir uns in einer Situation verhalten wollen. Unser Aktionsspielraum erweitert sich und wir gewinnen mehr Lebensqualität.

Wie geht's in a nutshell: Wir öffnen uns und beobachten unser inneres Erleben. Ohne Wertung und auch ohne Erwartung (also auch ohne die Erwartung, Vorstellung oder Hoffnung, dass etwas weggehen oder sich auf eine bestimmte Art verändern soll). Wir nehmen einfach nur wertfrei wahr und beobachten alles, was gerade im Augenblick da ist, so wie eine neugierige Wissenschaftlerin.

Wie kann ich meine Superkraft kultivieren (Übungen):

1. Drei Atemübungen zur Achtsamkeit
   Variante 1: Die Stärkung des »Achtsamkeitsmuskels«
   Variante 2: Zehn Atemzüge für unterwegs (auch als Audio)[6]
   Variante 3: Der geschenkte Augenblick (als tägliches Ritual)
2. Der leichte und der noch leichtere Weg (auch als Audio)
3. Achtsames Gehen
4. Achtsamkeit im Alltag (als tägliches Ritual)

Die ersten drei Übungen sind Atemübungen. Wie Sie merken werden, bin ich ein großer Fan davon, den Atem als »Achtsamkeitsinstrument« zu nutzen, und das hat seinen Grund. Der Atem steht uns immer und überall zur Verfügung, wir haben ihn immer »dabei«. Der Atem ist aber auch ein unschlagbares Achtsamkeitsinstrument, weil er zwar autonom ist, aber gleichzeitig steuerbar. Damit verbindet er bewusste und unbewusste Anteile. Probieren Sie die verschiedenen Varianten aus und schauen Sie, was am besten zu Ihnen passt.

Achtsamkeitsübung 1 – Variante 1: Die Stärkung des »Achtsamkeitsmuskels«

Jaaaa, natürlich gibt es diesen »Muskel« nicht wirklich, aber da wir alle bereits über Achtsamkeitsfähigkeiten verfügen, brauchen wir diese Superkraft nur ein wenig zu pflegen und zu stärken. Und das geht ganz einfach, hier kommt die Basisachtsamkeitsübung schlechthin:

6 Download unter: www.verhaltenstherapie-muenchen.de

Suchen Sie sich einen Raum, wo Sie ungestört sind, und setzen Sie sich in eine angenehme Position. Sie müssen nicht im Lotus- oder Schneidersitz sitzen, ideal ist es jedoch, wenn Ihr Rücken gerade und entspannt aufgerichtet ist, sodass die Wirbelsäule aufrecht ist und frei schwingen kann. Nehmen Sie einige entspannte Atemzüge ganz in Ihrem eigenen Rhythmus und erlauben Sie dabei Ihrem Geist, zur Ruhe zu kommen. Richten Sie Ihre Aufmerksamkeit ganz auf Ihren Atem. Ein und aus ... ein und aus ... ein und aus. Immer wenn Ihnen andere Gedanken durch den Kopf gehen (und das wird passieren), führen Sie Ihre Aufmerksamkeit einfach ganz sanft wieder zurück auf Ihren Atem. Jedes Mal wenn die Aufmerksamkeit abschweift, bringen Sie sie sanft wieder zurück. Und wieder. Und wieder. Und wieder. Das ist alles.

Am besten, Sie machen diese kleine Übung jeden Tag, ein paar Minuten reichen vollkommen. Diese Zeit gehört ganz Ihnen.

Achtsamkeitsübung 1 – Variante 2: Zehn Atemzüge für unterwegs[7]
Diese Übungen ist so simpel wie wirkmächtig – und sie kann überall und jederzeit ausgeführt werden. Es ist Ihre Superkraft to go sozusagen. Sie besteht schlicht und einfach darin, zehn *achtsame* Atemzüge zu machen. Und das geht so:

Sie atmen nun einfach zehnmal ein und aus. Sie müssen dabei an Ihrem Atem gar nichts verändern, Sie können ihn einfach fließen lassen, ganz natürlich, in Ihrem eigenen Rhythmus. Sie müssen nicht besonders tief oder langsam oder auf eine andere besondere Weise atmen. Ihr Körper macht das ganz von selbst. Sie nehmen nur wahr. Hier eine kurze Anleitung:

7 Diese Übung gibt's auch als Audio unter www.verhaltenstherapie-muenchen.de

Nehmen Sie einfach ein paar ganz normale Atemzüge, ganz in Ihrem eigenen Rhythmus ... ohne irgendetwas verändern zu wollen ... der Körper atmet ganz von selbst ...
Bei Ihrem nächsten Atemzug nehmen Sie wahr, wie die Luft beim Einatmen leicht und kühl durch Ihre Nase einströmt ... und beim Ausatmen vom Körper erwärmt wieder durch die Nase ausströmt ...
Nehmen Sie wahr, wie es sich anfühlt, wenn die Luft aus Ihrer Lunge strömt ... nehmen Sie wahr, wie sich Ihre Lunge und der Bauch beim Einatmen ganz von selbst wieder mit Luft füllen, völlig mühelos ...
Nehmen Sie wahr, wie sich Ihr Brustkorb und Ihre Bauchdecke beim Einatmen heben und beim Ausatmen wieder senken ...
Wenn Gedanken, Gefühle oder Empfindungen kommen, lassen Sie diese einfach kommen und gehen – wie Wolken, die am Himmel vorbeiziehen – und kehren Sie mit Ihrer Aufmerksamkeit sanft zurück zum Atem ...
Nehmen Sie jetzt in der Stille noch zehn Atemzüge ganz achtsam und ganz in Ihrem eigenen Rhythmus ... ein ... und aus ... ein ... aus ...

Achtsamkeitsübung 1 – Variante 3: Der geschenkte Augenblick

(in Anlehnung an »one moment meditation«, Martin Boroson, 2013)

Diese Übung eignet sich wunderbar als tägliches Ritual, weil man sie jederzeit und überall einsetzen kann. Und jetzt kommt das Beste: Sie dauert nur eine Minute! 60 Sekunden Ihres Lebens in die Achtsamkeit investiert, wenn das nichts ist.

Der Grundgedanke ist einfach: Bei der Superkraft Achtsamkeit geht es ja darum, den Augenblick ganz präsent mit allen Sinnen zu erleben. Und ein Augenblick ist, nun ja, eben sehr kurz.

Sie konzentrieren sich also einfach eine Minute lang vollkommen auf Ihren Atem. Lassen Sie sich in dieser Minute ganz in Ihren Atem »hineinfallen«, lassen Sie sich von Ihrem Atem tragen. Es gibt für diese 60 Sekunden auf der Welt nichts außer Ihnen und Ihrem Atem. Nur ein und aus, ein und aus, ein und aus. Das ist alles.

Eine Minute ist kurz, eine Minute kann man sich auf jeden Fall konzentrieren, eine Minute ist überschaubar, eine Minute bringt man immer im Tagesablauf unter (tja, sorry, die Ausrede »Ich hatte keine Zeit« klappt hier leider nicht). Stellen Sie sich also einen Timer auf 60 Sekunden – und beenden dann auf jeden Fall, ohne Wenn und Aber die Übung, auch wenn das mit der Achtsamkeit gerade mal ganz toll klappt. Macht nichts, die nächste geschenkte Minute kommt bestimmt!

Sie können diese Übung natürlich so oft Sie wollen durchführen. Sie können sich dazu feste Zeiten wählen oder sie dann einfach machen, wenn es gerade gut passt.

Achtsamkeitsübung 2: Der leichte und der noch leichtere Weg[8]

Diese Übung ist eine meiner persönlichen Lieblingsübungen. Sie ist schön, weil sie so simpel ist. Wir lernen hier zwei verschiedene Arten der Aufmerksamkeit kennen:

1. Die gebündelte oder fokussierte Aufmerksamkeit (der leichte Weg) und
2. die offene oder frei schwebende Aufmerksamkeit (der noch leichtere Weg).

Die gebündelte Aufmerksamkeit (1) richtet sich auf ein bestimmtes Objekt, das kann Ihr Atem sein oder auch ein anderes Meditationsobjekt wie eine Kerze oder ein Mantra. Die gesamte Aufmerksamkeit wird dann auf dieses Objekt gerichtet, wie ein Lichtstrahl, der durch eine Linse gebündelt wird.

Bei der frei schwebenden Aufmerksamkeit (2) hingegen ist unser Geist völlig offen, er wendet sich allem zu, was gerade da ist, ohne sich – und das ist entscheidend – an irgendetwas festzuklammern. Wenn Ihnen also gerade der Streit mit Ihrem Chef einfällt, dann nehmen Sie diesen Gedanken wahr und dann lassen Sie ihn auch wieder weiterziehen. Versuchen Sie in diesem Moment nicht eine Lösung zu finden oder Ihre Gedanken sonst wie festzuhalten. Es geht darum, den

8 Diese Übung gibt's auch als Audio unter www.verhaltenstherapie-muenchen.de

Geist offenzuhalten wie ein großes Haus, in dem viele Gäste ein und aus gehen, aber mit keinem quatscht man sich fest, keiner wird festgehalten, keiner wird hinausgeworfen.

Am besten ist es, wenn Sie sich vorab einen Timer auf sechs Abschnitte zu je zwei Minuten einstellen. Gut eignen sich dazu Meditations-Apps wie »mindbell«, oder Sie nutzen die Audio-Anleitung auf meiner Homepage.

Suchen Sie sich eine bequeme Sitzhaltung, in der Sie die nächsten Minuten angenehm verbringen können, Ihre Wirbelsäule sollte dabei möglichst aufrecht sein, sodass Ihr Atem frei fließen kann. Sie können für die Übung gerne die Augen schließen oder sich einen Punkt auf dem Boden suchen, wo Ihr Blick ruhen kann.

Und los geht's:

Wir beginnen mit der gebündelten Aufmerksamkeit (1). Während der nächsten zwei Minuten richten Sie Ihre Aufmerksamkeit bewusst auf Ihren Atem. Das war's. Versuchen Sie nichts zu verändern, nehmen Sie nur wahr. Machen Sie sich bewusst, dass Sie atmen und achten Sie genau auf den Prozess der Atmung. Ein und aus, ein und aus. Sobald Ihre Aufmerksamkeit abschweift, registrieren Sie dies einfach und kehren Sie sanft zu Ihrem Atem zurück [zwei Minuten].

Nun wenden Sie sich der frei schwebenden Aufmerksamkeit (2) zu. Während der nächsten zwei Minuten bleiben Sie einfach nur sitzen, ohne irgendwelche Absichten zu verfolgen, ohne an irgendetwas festzuhalten. Öffnen Sie Ihren Geist: Alles, was kommt, ist willkommen und darf auch wieder weiterziehen. Alle Gedanken, Gefühle und Empfindungen dürfen da sein und auch wieder gehen. Leichter geht es wirklich nicht. Es geht darum, vom *Tun* zum *Sein* zu wechseln. Was immer Sie also darunter verstehen, seien Sie einfach [zwei Minuten].

Wechseln Sie jetzt noch weitere zwei Mal zwischen diesen beiden Aufmerksamkeitsarten hin und her.

Achtsamkeitsübung 3: Achtsames Gehen

Diese Übung eignet sich für alle, die viel Bewegungsdrang haben und denen es schwerfällt, still zu sitzen. Am besten lässt sich diese Übung draußen an der frischen Luft durchführen.

Suchen Sie sich einen Ort, an dem Sie ungestört herumgehen können, ohne mit anderen Personen zusammenzustoßen. Sie können dazu in einem großen Kreis gehen, oder auch einfach ziellos durch die Gegend wandern. Wer schon einmal ein Zen-Meditationsretreat mitgemacht hat, kennt das Gehen im Kreis.

In den nächsten Minuten werden Sie also einfach nur gehen, einfach nur einen Fuß vor den anderen setzen, sonst nichts, und sich dabei voll und ganz auf Ihr Gehen konzentrieren. Zunächst finden Sie Ihr eigenes Tempo. Es gibt hier kein Richtig oder Falsch, es empfiehlt sich allerdings, eher langsam zu gehen, da das die Aufmerksamkeit auf den Prozess des Gehens erleichtert. Außerdem lenkt ein verlangsamtes und damit für die meisten von uns ein ungewohnteres Tempo schon von allein das Augenmerk auf den Bewegungsablauf.

Wenn Ihre Gedanken abschweifen, so ist das ganz normal und braucht Sie nicht weiter zu beunruhigen. Holen Sie Ihre Aufmerksamkeit dann einfach wieder ganz sanft zum Gehen zurück.

Hier eine kleine Anleitung:

Gehen Sie in ganz ruhigem Tempo los ... Ihr Körper darf dabei ganz entspannt und locker sein ... und Sie atmen ganz normal in Ihrem eigenen Rhythmus ... versuchen Sie nicht, die Länge der Atemzüge zu verändern oder mit Absicht an Ihre Schritte anzupassen ... laufen Sie einfach nur, einen Fuß vor den anderen, und alles geht wie von selbst ...

Konzentrieren Sie sich ganz auf das Gehen ... Spüren Sie Ihre Fußsohlen ... nehmen Sie wahr, welcher Teil der Fußsohle jeweils den Boden berührt ... die Ferse ... die Außenkante des Fußes ... die Zehen .... nehmen Sie die Abrollbewegung des Fußes ganz bewusst wahr ... richten Sie all Ihre Aufmerksamkeit ganz auf den Vorgang des Gehens ... wenn Ihre Gedanken abschweifen – und das ist ganz normal –, dann bringen Sie sie einfach ganz sanft wieder zurück zum Gehen ...

Achtsamkeitsübung 4: Achtsamkeit im Alltag

Man muss, um Achtsamkeit zu üben, keineswegs im Lotussitz im Meditationsraum sitzen. Nein, Achtsamkeit ist ja vielmehr etwas, was wir in unseren normalen Tagesablauf integrieren wollen, etwas, das wir in unserem Alltag *leben* wollen. Im Prinzip geht es darum, eine innere Haltung zu entwickeln, möglichst oft achtsam bei dem zu sein, was wir gerade tun. Oder wie einer meiner Zen-Lehrer es etwas rustikal ausdrückte: »Achtsamkeit heißt, nicht auf dem Klo Zeitung lesen.«

Die folgenden Übungen sind sogenannte informelle Achtsamkeitsübungen, und das Gute daran ist, dass man sich dafür nicht extra Zeit nehmen muss wie bei den formellen Achtsamkeitsübungen – die Ausrede »dafür hab ich keine Zeit« fällt also schon mal weg (tut mir wirklich sehr leid!).

Achtsamkeit am Morgen

Am besten wählen Sie eine unspektakuläre Tätigkeit, die Sie jeden Tag nach dem Aufstehen tun, zum Beispiel Zähneputzen (es eignet sich auch duschen, rasieren, Socken anziehen etc.). Dies sind Tätigkeiten, die man normalerweise sehr automatisiert tut, man muss über die Ausführung nicht mehr groß nachdenken. Nun versuchen Sie, es so zu tun, als ob Sie es zum *ersten Mal* täten, als ob Ihnen jede Bewegung völlig neu wäre. Kleiner Tipp: Man kann auch als Rechtshänder:in die linke Hand benutzen und umgekehrt, dann ist automatisch der Bewegungsablauf »neu«. Richten Sie Ihre ganze Aufmerksamkeit, also alle Ihre Sinne, auf die Ausführung dieser Tätigkeit, auf jede einzelne Bewegung. Beobachten Sie, was Sie dabei wahrnehmen können. Was können Sie dabei sehen und hören, was spüren Sie auf Ihrer Haut, was riechen Sie …? Öffnen Sie alle Ihre Sinne und nehmen Sie wahr.

Es kann sein, dass die Tätigkeit, die Sie ausführen, bei den ersten Achtsamkeitsübungen erst einmal ein bisschen länger dauert, das ist ganz in Ordnung, es erleichtert die Achtsamkeit. Man muss aber eine Tätigkeit nicht unbedingt langsamer ausführen, um dabei achtsam zu sein. Ziel ist es, wie gesagt, eine Alltagspraxis der Achtsamkeit zu entwickeln, also zu bemerken, wenn man auf Autopilot läuft (was ja nicht per se und immer schlecht ist), und sich dann entscheiden zu können, ob man etwas achtsam und bewusst ausführen möchte.

Achtsamkeit im Haushalt

Im Prinzip lässt sich die obige Übung mit jeder beliebigen langweiligen Haushaltstätigkeit ausführen. Wählen Sie eine Tätigkeit, die Sie üblicherweise automatisch ausführen, zum Beispiel Kaffeetassen abwaschen. Im Folgenden ein kleines Beispiel, damit deutlich wird, worauf sich Ihre Achtsamkeit dabei erstrecken kann:

Beginnen Sie damit, achtsam den Wasserhahn aufzudrehen. Konzentrieren Sie sich mit allen Ihren Sinnen darauf. Wie hört sich der Wasserstrahl an? Betrachten Sie ihn ganz genau. Wenn Sie die Hand unter den Wasserstrahl halten, um die Temperatur zu prüfen, wie fühlt sich das Wasser auf Ihrer Haut an, können Sie vielleicht auch etwas hören oder riechen?

Dann nehmen Sie die Kaffeetasse achtsam in die Hand, spüren Sie, wie sich das Material in Ihrer Hand anfühlt, hart, kalt, und spüren Sie auch die Muskelspannung in Ihrer Hand, wenn Sie die Tasse halten. Achten Sie auf die Farbe und die Form der Tasse. Achten Sie darauf, wie sich das Spülschwämmchen oder die Spülbürste in Ihrer Hand anfühlen, und spüren Sie, wie es sich anfühlt, wenn Sie mit dem Schwämmchen über den Becher wischen. Welche Muskeln können Sie in Ihrer Hand und Ihrem Arm und vielleicht auch in Ihren Schultern und am Hals spüren? Achten Sie auch auf alle Geräusche, die Sie wahrnehmen. Versuchen Sie, mit allen Ihren Sinnen beim Abspülen zu bleiben. Wenn andere Gedanken auftauchen (was normal ist und unweigerlich passieren wird), wenn Langeweile oder Frustration auftauchen, nehmen Sie auch dies ganz entspannt zur Kenntnis, und bringen Sie Ihre Aufmerksamkeit sanft und freundlich zurück zu Ihrer Aufgabe. Sie werden vermutlich feststellen, dass Ihre Aufmerksamkeit immer wieder abwandert. Das macht nichts, Sie haben deswegen die Aufgabe nicht »falsch« gemacht. Der menschliche Geist wandert, das ist ganz natürlich. Sobald Sie merken, dass dies gerade wieder passiert, nehmen Sie es einfach zur Kenntnis und lenken Sie Ihre Aufmerksamkeit wieder auf die aktuelle Tätigkeit und auf das, was Sie mit Ihren fünf Sinnen wahrnehmen können.

Fünf Sinne – fünf Dinge: Übung fürs Einkaufen-/Spazierengehen
Sehen, Hören, Riechen, Schmecken und Fühlen/Spüren – das sind die fünf Sinne des Menschen. Wenn Sie also das nächste Mal einkaufen oder spazieren gehen, tun Sie dies ganz achtsam; das bedeutet, öffnen Sie alle Ihre Sinne. Seien Sie ganz im Hier und Jetzt präsent – anstatt sich innerlich »wegzubeamen«, also in Gedanken verloren zu sein, sich über Vergangenes zu ärgern oder sich Sorgen um zukünftige Ereignisse zu machen, Ihre Einkaufsliste zu planen oder das Gespräch mit ihrer Chefin geistig noch mal durchzugehen. Nehmen Sie diese Zeit ganz für sich und Ihre fünf Sinne.

Und so geht's:

Richten Sie Ihre Aufmerksamkeit ganz bewusst auf Ihre Umgebung und auf das, was Sie um sich herum gerade wahrnehmen können.

- Nehmen Sie ganz aufmerksam fünf Dinge wahr, die Sie um sich herum **sehen** können.
- Nehmen Sie jetzt ganz aufmerksam fünf Dinge wahr, die Sie um sich herum **hören** können.
- Nehmen Sie jetzt ganz aufmerksam fünf Dinge wahr, die Sie **spüren** können. (Dazu können äußere Phänomene gehören, wie »die Henkel der Einkaufstasche in meiner Hand«, aber auch innere Phänomene wie »mein Herzschlag«).
- Nehmen Sie jetzt ganz aufmerksam fünf Dinge wahr, die Sie **riechen** können. (Es ist nicht schlimm, wenn es nur ein oder zwei Dinge sind.)
- Nehmen Sie jetzt ganz aufmerksam fünf Dinge wahr, die Sie **schmecken** können. (Gar nicht so leicht – dieser letzte Sinn ist eher etwas für Fortgeschrittene, anfangs kann man diesen Sinn auch auslassen.)

Man kann die Übung selbstverständlich auch abwandeln auf drei Dinge oder auch auf ein Ding oder einfach nur auf zwei oder drei Sinne.

Hier eine Ultra-Kurzversion:

1. Innehalten (!)
2. Was kann ich in diesem Augenblick sehen?
3. Was kann ich in diesem Augenblick hören?
4. Was kann ich in diesem Augenblick spüren?
5. Was kann ich in diesem Augenblick riechen?
6. Was kann ich in diesem Augenblick schmecken?

Glücklicherweise ist unser Alltag voll von Gelegenheiten, um unsere Achtsamkeit zu kultivieren:

An der roten Ampel, in der Supermarktschlange, beim Warten auf die U-Bahn, bei jeder Mahlzeit, beim Duschen, oder einfach nur so zwischendrin …

Stolpersteine:

- Achtsamkeit ist keine Kontrollstrategie! Sie funktioniert nicht nach dem Motto: Wenn ich nur lange genug achtsam bin, dann werden sich meine Probleme lösen, dann werden meine Angst, meine Depression, mein Schmerz weggehen. Wenn sich im Rahmen der einen oder anderen Achtsamkeitsübung Ihr inneres Erleben verändert – und es kann passieren, dass Ihre unerwünschten Gefühle abnehmen oder auf einmal nicht mehr so unaushaltbar erscheinen –, dann dürfen Sie sich wohl darüber freuen, es ist aber nicht Ziel und Zweck der Achtsamkeit, sondern bestenfalls eine Nebenerscheinung. Echte Achtsamkeit ist immer absichtslos.
- Achtsamkeit ist auch keine Entspannungsübung! Achtsamkeit ist … Achtsamkeit. Zur Entspannung gibt es jede Menge gute Methoden, Achtsamkeitsübungen gehören jedoch nicht dazu. Es mag zum Beispiel bei der Achtsamkeit auf den Atem ein Entspannungseffekt auftreten, dies ist aber eher eine »Nebenwirkung«. Achtsamkeit bedeutet, im Hier und Jetzt präsent zu sein – und zwar nicht nur körperlich, sondern auch mental. Es ist somit eine Fähigkeit der Fokussierung, der Aufmerksamkeitslenkung.
- Manchmal kommen uns bei den Achtsamkeitsübungen Gedanken

wie »Das ist doch sinnlos« oder »Das ist langweilig« oder »Was soll der Unsinn?« oder »Wie hilft mir das bei meinem Problem?«. Das ist ganz normal. Bedanken Sie sich bei Ihrem Geist, dass er so gut mitdenkt. Erinnern Sie sich daran, dass es bei der Achtsamkeit nicht darum geht, unmittelbar Ihr Problem zu lösen. Es geht vielmehr darum, eine hilfreiche Grundhaltung zu erwerben, einen »Zustand«, in dem wir nicht auf Autopilot laufen, sondern gute Entscheidungen für unser Verhalten und damit für unser Leben treffen können.

- Manchmal spürt man, sobald man seine Aufmerksamkeit fokussiert, bestimmte Gefühle oder Empfindungen (wie z. B. den eigenen Herzschlag oder Gefühle der Angst oder auch Schmerzen) deutlicher. Dies kann passieren und muss Sie überhaupt nicht beunruhigen. Nehmen Sie einfach wahr, wie sehr allein die Aufmerksamkeitslenkung die eigene Wirklichkeit verändert. Und dann kehren Sie sanft zu der Übung zurück, die Sie gerade machen.
- Sie finden die Achtsamkeitsübung langweilig? Macht nichts, das ist ganz normal – unser Geist ist es nicht gewohnt, »unbeschäftigt« zu sein, und manchmal gefällt ihm das nicht. Und: Alles Üben kann auch langweilige Phasen beinhalten. Wenn Sie zum Beispiel Klavier spielen lernen wollen, müssen Sie auch langweilige Tonleitern üben. Es geht ja darum, die Achtsamkeit nach und nach als Grundhaltung in Ihren Alltag zu integrieren, die Übungen sind zunächst nur ein Hilfsmittel dazu. Wenn Ihnen also der Gedanke kommt »Das ist langweilig«, dann nehmen Sie auch diesen achtsam zur Kenntnis, beobachten Sie ihn wertfrei und lassen Sie ihn auch wieder ziehen.
- Wenn Sie eine Meditationsmethode zur Übung der Achtsamkeit verwenden, achten Sie darauf, dass Sie sie nicht zur Vermeidung einsetzen. Sobald Sie also merken, dass Sie sie zur Emotionsvermeidung verwenden, also unangenehme Gefühle »wegmeditieren« wollen (Ich fühle mich ängstlich, ich muss jetzt meditieren gehen), dann halten Sie inne. Dasselbe gilt für die Flucht aus dem Alltag (Kümmer du dich um den Haushalt, ich muss meditieren). Das Ziel der Achtsamkeit ist es, uns voll und ganz am Leben zu beteiligen, nicht davor zu fliehen.

3.3 Superkraft 2: Defusion[9] – Abstand gewinnen

Das Denken ist ein wilder Affe.
(Aus dem Zen-Buddhismus)

Bevor Sie weiterlesen:
Legen Sie das Buch kurz beiseite und nehmen Sie ganz bewusst alle Gedanken wahr, die Ihnen gerade durch den Kopf gehen. Bewerten Sie die Gedanken nicht, nehmen Sie sie einfach nur wahr – und dann lassen Sie sie wieder ziehen und machen das, was Sie gerade tun wollen, nämlich dieses Buch lesen. Wenn Ihnen also gerade durch den Kopf geht: »Was für eine doofe Übung« oder »Hoffentlich kann ich das mit den Superkräften« oder »Ich hab schon so viele Selbsthilfebücher gelesen« oder »Ob mir das wirklich helfen kann?«, dann schauen Sie, wie diese Gedanken kommen und gehen und ob Sie sie einfach da sein lassen können und sich *mit* all diesen Gedanken auf das Buch einlassen können.

KLEINE WAHRNEHMUNGSPAUSE

Fertig? Gratuliere, Sie haben gerade Ihre Superkraft der Defusion eingesetzt.

Kurz erklärt: Gedanken sind Worte, nicht mehr und nicht weniger. Wir haben zwar erfreulicherweise die Fähigkeit zu denken, unsere Gedanken müssen aber nicht zwangsläufig unser Verhalten bestimmen. Mit der Superkraft der Defusion können Sie einen gesunden Abstand zu Ihren Gedanken schaffen. Kurz: Glauben Sie nicht alles, was Sie denken!

9 Hä, was heißt denn Defusion? Die ACT, aus der die sechs Superkräfte (Kernprozesse) entstammen, ist in den USA entwickelt worden, daher kommen die Begriffe aus dem Amerikanischen. Es gelingt nicht immer, im Deutschen dafür wirklich gute Entsprechungen zu finden, auch haben sich die Begriffe in der deutschen ACT-Literatur bereits etabliert, sodass ich im Sinne einer besseren Wiedererkennbarkeit die Originalbegriffe im Wesentlichen so belassen habe. Zum Teil biete ich alternative Begriffe an, die ich so auch in meinen Therapien, Workshops und Coachings verwende.

Länger erklärt: Unser Gehirn ist ein sehr fleißiges Organ – und auch ein sehr kompliziertes. Es arbeitet unermüdlich, Tag und Nacht, »24/7«, selbst während wir schlafen ist es aktiv. Unser Gehirn produziert einen konstanten Gedankenstrom. Dabei ist es gewissermaßen eine Problemlösemaschine, denn seine ureigenste Aufgabe ist es, uns vor Gefahren zu bewahren, unser Überleben zu sichern. Es tut dabei, was ein Gehirn eben so tut: Es produziert pausenlos Gedanken, Bilder, Bewertungen, Urteile und so weiter. Nahezu ohne Unterlass erzählt es uns Geschichten und führt unseren inneren Dialog, also das, was wir innerlich zu uns sagen, und auch die Art und Weise, wie wir es zu uns sagen. Diese gedanklich-sprachlichen Prozesse sind oftmals hilfreich, z. B. bei der Lösung von Problemen in der äußeren Welt. Jedoch haben sie auch ihre Schattenseiten.

Manchmal verstricken wir uns zu sehr in unsere Gedanken, so sehr, dass wir diese als unumstößliche Realität betrachten. Das kann problematisch werden, nämlich wenn unser Verhalten aufgrund eben dieser Verstrickung mit bestimmten Gedanken und/oder Gefühlen starr und unflexibel wird. Dann wird unser Verhaltenskorridor eng und wir lassen uns von unseren eigenen Gedanken herumschubsen, von all diesen Ich-bin-nicht-gut-genug-Geschichten, den Ich-gehöre-nicht-dazu-Geschichten, den Die-Welt-ist-böse-Geschichten, den Ich-schaffe-nie-irgendwas-Geschichten oder den Niemand-mag-mich-Geschichten sowie den begleitenden Gefühlen – und davon gibt's ja jede Menge. Jede:r von uns kennt Situationen, in denen wir die Sätze, die unser Gehirn produziert, als Wahrheiten bzw. Tatsachen betrachten und uns dann von diesen Sätzen diktieren lassen, was wir zu tun und zu lassen haben.

Unser Gehirn hat die Tendenz, automatisch ins »Negative«, in den Warnmodus zu springen – denn das ist sein Job, um uns vor Gefahren zu bewahren. Wir alle kennen das, wenn sozusagen aus dem Nichts eine negative Gedankenkaskade in Gang gesetzt wird: »Meine Chefin hat mich auf dem Gang nicht gegrüßt. Gestern hat sie auch schon so komisch geschaut. Eigentlich hat sie mich ja noch nie leiden können. Sie zieht ja immer meine Kollegin vor. Vermutlich wartet sie nur auf eine Gelegenheit, mir zu kündigen. Was mache ich dann? In meinem Alter ist es ja nicht so leicht, wieder einen guten Job zu finden. Ich werde arbeitslos sein und meine Raten nicht abbezahlen können. O Gott, ich werde unter der Brücke landen.« Und schon sind wir mittendrin im Katastrophenszenario.

Die Superkraft der Defusion hilft uns dabei, Abstand zu schaffen und unsere Gedanken nicht mehr wörtlich zu nehmen, sondern als das zu betrachten, was sie sind: ein Prozess, ein kontinuierlicher Strom von Wörtern und Bildern. Oder anders gesagt: Wir erleben, dass wie Gedanken *haben*, aber nicht unsere Gedanken *sind*. Wir erfahren, dass Gedanken unser Verhalten wohl beeinflussen können, es aber nicht beherrschen müssen.

Was Defusion nicht ist: Eine Wegschiebemethode für Gedanken, eine Veralberung oder ein Lächerlichmachen Ihrer Gedanken und auch keinesfalls eine Methode zum positive thinking.

Wozu diese Superkraft dient: Mit ihrer Hilfe können Sie Distanz zu Ihrem inneren Dialog schaffen. Die Superkraft Defusion ermächtigt Sie, flexibel mit Ihrem Erleben umzugehen. Dies ist keine Kleinigkeit! Wer schon einmal wirklich bewusst auf seinen inneren Dialog gehört hat, weiß, dass wir alle dazu neigen, unaufhörlich zu bewerten, zu beurteilen, zu begründen. Mithilfe der Defusion können Sie sich eine Pause davon gönnen – und mit einiger Übung immer längere Pausen. Nach und nach gelingt es Ihnen dann immer mehr, mit dem Bewerten und Begründen aufzuhören. Getreu dem Motto »Glaube nicht alles, was du denkst«, bauen Sie eine andere Beziehung zu Ihren Gedanken und Gefühlen auf. Es gelingt Ihnen, Gedanken als mentale Ereignisse wahrzunehmen und nicht als genaue Abbildungen der Realität.

Und: Sie erfahren, dass Ihre Gedanken nicht notwendigerweise Ihr Handeln kontrollieren. Wie bitte, was? Aha, ganz wichtiger Punkt – bevor Sie weiterlesen, machen Sie bitte die folgende kleine Übung. Tun Sie es wirklich, auch wenn Ihnen Ihr Geist sagt, dass das dumm oder albern ist. Also:

Legen Sie dieses Buch jetzt vor sich auf den Tisch oder in Ihren Schoß ab. Dann denken Sie folgenden Gedanken: »Ich kann dieses Buch nicht hochheben.« Denken Sie ihn ein paar Mal. Und dann heben Sie das Buch hoch. Gelungen? Jaaa natürlich, was für eine doofe Übung, klar können Sie das Buch hochheben. Was aber ist mit Gedanken wie: »Ich kann nicht mit dem Rauchen aufhören«, »Ich kann nicht abnehmen«, »Ich kann nicht mit meinem Chef reden«, »Ich kann nicht auf die Feier gehen«, »Ich kann nicht gelassen bleiben«, »Ich kann nicht ins Schwimmbad gehen«, »Ich kann nicht U-Bahn fahren«, »Ich kann ihr nicht verzeihen«, »Ich kann nicht auf den Fernsehturm fahren«, »Ich kann mich nicht beherrschen« etc. Was passiert da? Wo liegt der Unterschied? Oder gibt es womöglich gar keinen? Was, wenn auch das nur Sätze sind, die Ihnen Ihr Geist, Ihr innerer Bestimmer, Diktator, Kritiker, oder wie auch immer man ihn nennen will, sagt? Natürlich gibt es Dinge, die man tatsächlich nicht tun *kann*, weil man beispielsweise physisch dazu nicht in der Lage ist. Ich kann zum Beispiel nicht aus dem Stand heraus drei Meter in die Höhe springen. Wenn wir aber ehrlich sind, dann sind wir zu den meisten Dingen, die wir tun wollen, sehr wohl in der Lage, wir könn(t)en sie durchaus tun – was hält uns also davon ab? Unser innerer Dialog (und die begleitenden Emotionen): Wenn wir ihn nämlich für bare Münze nehmen und vergessen, dass es nur Worte und Sätze sind, die unser Geist produziert. Das heißt jetzt natürlich nicht, dass Sie nie mehr auf Ihr Gehirn, Ihren Verstand hören sollten. Wenn Sie Ihre Steuererklärung machen, Ihrer Arbeit nachgehen, Probleme lösen, Ihren Urlaub planen, sollen Sie natürlich nicht Ihr Hirn abschalten …

Die Wirkung der Superkraft Defusion zeigt sich vor allem in einer größeren Flexibilität im Denken und Handeln. Sie werden frei dafür, Dinge zu tun, von denen Ihr permanenter Gedankenstrom, Ihre Gedankenmaschine, Sie bislang abgehalten hat – und auch frei, Dinge nicht zu tun, zu denen Sie Ihr innerer Antreiber/Kritiker bisher »gezwungen« hat. Sie merken im Alltag immer schneller, wann Sie sich in einen (nicht hilfreichen) Gedanken verstricken, und können »aussteigen«, diesen Gedanken sich selbst überlassen und sich auf das konzentrieren und das tun, was Ihnen wichtig ist. Sie merken, dass Sie Ihrem Geist nicht alles glauben müssen, was er den ganzen langen Tag so erzählt. Anstatt sich von Ihren Gedanken beherrschen zu lassen, können Sie sich von ihnen leiten lassen (oder eben auch nicht). Ihre Flexibilität, Entscheidungs- und Handlungsfreiheit wird zunehmen. Schauen Sie sich den Unterschied zwischen diesen beiden Gedankenvorgängen an: »O Gott, ich kann diese Angst nicht aushalten. Ich werde gleich verrückt, hoffentlich kriege ich keinen Herzinfarkt. Sicher falle ich gleich um. Bestimmt merken es alle und halten mich für blöd« versus »Ich *habe gerade den Gedanken*, dass ich Angst habe und ich *habe den Gedanken*, dass ich gleich verrückt werden könnten und ich spüre, wie mein Herz schnell schlägt«. Das Erste ist eine direkte Verknüpfung, eine Wertung, eine Beurteilung, das Zweite eine reine Beobachtung und Beschreibung. Im ersten Fall *ist* man sein Gedanke/Gefühl, im zweiten *hat* man einen Gedanken/ein Gefühl. Dazwischen liegen Welten. Aber lassen Sie sich, wie immer, nichts von mir erzählen, probieren Sie es aus und beobachten Sie, ob und wie sich Ihr Erleben verändert.

Wie geht's in a nutshell: Wir treten einen Schritt zurück und nehmen den eigenen Geist bei der Arbeit wahr. Wir schauen unserem Gehirn sozusagen zu beim unaufhörlichen Produzieren von Gedanken. Wir lernen, unsere Gedanken, den inneren Dialog also, wertfrei und neutral zu beobachten. Gedanken an sich sind zunächst einmal weder gut noch schlecht. Problematisch kann allein die Verschmelzung mit dem eigenen Denken werden. Wir schaffen also Abstand zu den eigenen Geschichten, Bildern, Gedanken, Emotionen etc. und lernen sie als das wahrzunehmen, was sie letztlich sind, nämlich nicht mehr als Worte und Bilder, die unser Geist ständig produziert. Wir schauen ihnen zu, wie sie kommen und gehen, wir lassen sie vorbeiziehen und halten nicht an ihnen fest und so sind wir nicht mehr mit ihnen verschmolzen.

Wie kann ich meine Superkraft kultivieren (Übungen):
Da die Übungen in diesem Kapitel aufeinander aufbauen, ist es am besten, wenn Sie sie der Reihe nach durchführen. Sehen Sie die Übungen als Experimente, seien Sie neugierig darauf, was passiert, was Sie erleben, was Sie über sich und die Funktionsweise Ihres Geistes erfahren. Und darauf, wie Sie Ihr Er-Leben verändern werden.

Kurzer Reminder: Bei den Defusionsübungen geht es nicht darum, die Inhalte Ihrer Gedanken zu verändern. Es geht auch nicht darum, was wahr oder nicht wahr ist – und es geht dabei schon ganz und gar nicht um positive thinking! Es besteht überhaupt gar kein Grund, das, *was* Sie denken, zu verändern. Es geht lediglich darum, zu Ihrem permanenten Gedankenstrom eine andere Beziehung aufzubauen. Los geht's:

Die ersten drei Übungen sind einführende Übungen, um zu verdeutlichen, wie unser sprachliches Denken funktioniert, welche Verknüpfung wir herstellen und welche Macht wir unserem Denken geben. Die weiteren Übungen sind für den täglichen Gebrauch.

1. Defusion – wozu überhaupt? Oder: Wie unser Hirn arbeitet (Einführung)
2. Das Speichelglas (Einführung)
3. Der Lottogewinn (Einführung)
4. Strichliste der Gedanken
5. Mein Gedankenstrom
6. Gedanken benennen (Mein Geist sagt gerade ...)
7. Die Lieblingsgeschichte würdigen
8. Blätter im Fluss (auch als Audio)
9. Radio »Grübel«
10. »Anders mit Gedanken umgehen« – eine kleine Sammlung verschiedener Defusionstechniken

Defusionsübung 1: Defusion – wozu überhaupt? Oder: Wie unser Hirn arbeitet

Dies ist eine kleine Übung, die Sie *erfahren* lässt, wozu Defusion überhaupt gut sein kann.

Unsere Sprache funktioniert ganz automatisch, unser Gehirn stellt automatisch erlernte Verknüpfungen her, dies ist eine Konditionierung, die wir gar nicht verhindern können. Probieren Sie es gleich mal aus:

»Eine Schwalbe macht noch keinen … »

»Ein Indianer kennt keinen …«

»Wer anderen eine Grube gräbt …«

»Morgenstund hat Gold im …«

Na, haben Sie die Sätze automatisch im Geiste ergänzt? Jaaa, denn wir können gar nicht anders. Unsere sprachlich-kognitiven Fähigkeiten sind Segen und Fluch zugleich. Denn diese Verknüpfungen betreffen ja nicht nur (harmlose) Sprichwörter, sondern auch Wertungen, Selbstbeurteilungen etc. Ein Beispiel: Sie machen einen Fehler bei einer Präsentation und sofort springt folgende Verknüpfung an: »O Gott, ich habe einen Fehler gemacht – alle werden über mich lachen – nie kann ich irgendwas richtig machen – ich bin so ein:e Versager:in – ich werde meinen Job verlieren.« Aus einem kleinen Fehler bei der Präsentation ist, schwuppdiwupp, eine selbstwertschädigende und existenzbedrohende Interpretation der Situation geworden. Im schlimmsten Fall rekapitulieren Sie die Situation die halbe Nacht lang und können nicht schlafen. Bei der Superkraft Defusion geht es darum, aus diesem erlernten Automatismus der sprachlichen Verknüpfung auszusteigen. Dies kann aber nur gelingen, wenn wir uns aus eben dieser sprachlichen Verstrickung lösen, wenn wir unserem Geist nicht mehr alles glauben, was er uns so den ganzen Tag erzählt, wenn wir also unsere Gedanken betrachten als das, was sie sind: nur Gedanken, nicht mehr und nicht weniger.

Defusionsübung 2: Das Speichelglas

(in Anlehnung an Hayes, 2005)

Bitte lesen Sie den folgenden Text langsam und aufmerksam durch und nehmen Sie dabei alles, was an Gedanken, Gefühlen und Empfindungen auftaucht, achtsam wahr.

> Haben Sie schon mal über Speichel nachgedacht? Vermutlich nicht, dabei ist es ein ganz besonderer Saft. Unscheinbar, farblos, manchmal ein bisschen dickflüssig und sehr hilfreich, wenn es um die Nahrungsverdauung geht. Können Sie Ihren Speichel in der Mundhöhle spüren? Richten Sie Ihre Aufmerksamkeit darauf und spüren Sie, wie es sich anfühlt. Speichel wird bei jedem von uns in der Mundhöhle produziert und ist immer vorhanden. Er hält unsere Schleimhäute feucht, sodass wir sprechen, schlucken und schmecken können. Ohne Speichel wäre Ihr Mund jetzt ganz trocken. Speichel ist also eine ganz nützliche Flüssigkeit und wir haben sie jederzeit im Mund. Der Speichel hält alles feucht und wir alle wissen ja auch, wie unangenehm ein trockener Mund sein kann. Wir brauchen den Speichel. Und wir schlucken ihn die ganze Zeit. Schlucken Sie ruhig einmal und spüren Sie, wie leicht das geht, wie der Speichel beim Schlucken alles befeuchtet. Und jetzt stellen Sie sich bitte vor: Vor Ihnen auf dem Tisch steht ein Glas und Sie spucken es jetzt voll, bis es randvoll mit Ihrem eigenen Speichel ist. Sehen Sie das Glas vor sich? Ja? Dann stellen Sie sich jetzt bitte vor, Sie nehmen es in die Hand, führen es zum Mund – und jetzt nehmen Sie einen kräftigen Schluck ... [Pause. Wirken lassen.]

Ich weiß nicht, was Sie gerade bei dieser kleinen Übung erlebt haben, aber bei fast allen führt diese Übung zu einem Gefühl des Ekels. Produziert wurde dieses Gefühl, dieser Ekel, nur durch Ihre Gedanken, durch innere Bilder, die Ihr Geist geschaffen hat, also etwas »Irreales«, rein in Ihrer Vorstellung. Die begleitenden Gefühle aber sind sehr real. Und das ist jetzt nur eine kleine Geschichte gewesen, die nichts mit Ihnen zu tun hat, die Ihnen nichts bedeutet. Wie viel stärker und machtvoller ist ein Gedanke, der direkt unser Selbst betrifft (ich bin zu dumm, zu hässlich, zu dick, ich bin ein:e Versager:in ...).

Defusionsübung 3: Der Lottogewinn

Sie brauchen: Zettel und Stift.

Ein kleines Wort der Vorsicht vorab: Die Übung hat auf manche Menschen eine starke Wirkung. Selbstverständlich können Sie, wenn Sie sich unwohl fühlen, die Übung jederzeit beenden. Führen Sie die Übung Schritt für Schritt durch, springen Sie beim Lesen nicht nach vorne, blättern Sie nicht vor, sonst funktioniert es nicht mehr und Sie berauben sich der Möglichkeit, diese Erfahrung zu machen.

Denken Sie jetzt an einen Menschen aus Ihrem Freundeskreis. Wählen Sie jemanden aus, der Ihnen etwas bedeutet, es sollte jedoch nicht der allerwichtigste Mensch in Ihrem Leben sein. Wenn Sie sich eine Person überlegt haben, notieren Sie deren Namen oben auf Ihrem Zettel.
Schreiben Sie nun folgenden Satz darunter und fügen Sie dabei den Namen Ihrer Person ein:
[Die Person] wird morgen im Lotto 10 Millionen Euro gewinnen.

Pause. Innehalten. Nehmen Sie alles wahr, was Ihnen jetzt durch den Kopf geht, was an Gedanken, Gefühlen, Bildern, Empfindungen auftaucht. Nehmen Sie sich einen Augenblick Zeit dafür, bevor Sie umblättern.

KLEINE WAHRNEHMUNGSPAUSE

Schreiben Sie nun den folgenden Satz auf und fügen Sie wieder den Namen derselben Person ein:
[Die Person] wird morgen bei einem Verkehrsunfall ums Leben kommen.

Pause. Innehalten. Nehmen Sie wieder alles wahr, was Ihnen gerade durch den Kopf geht, was an Gedanken, Gefühlen, inneren Bildern, körperlichen Empfindungen auftaucht.

Nehmen Sie sich jetzt noch ein wenig Zeit, um über die gesamte Übung nachzudenken:

- Welches innere Erleben, welche Gedanken, Gefühle, Bilder, Empfindungen sind aufgetaucht?
- Was haben Sie während des Aufschreibens und danach erlebt?
- Haben sich die beiden Sätze gleich angefühlt?
- Gab es Widerstände?
- Gab es Handlungsimpulse?
- Was hat Ihnen Ihr Geist erzählt?
- Und was hat das alles zu bedeuten für Ihren Umgang mit Ihrem inneren Erleben?

Beantworten Sie diese Fragen für sich, *bevor* Sie umblättern.

Was hat die Übung bei Ihnen ausgelöst? Unwohlsein, Widerwillen, Angstgedanken, den Impuls, den Stift wegzulegen und es nicht hinzuschreiben, Gedanken wie »Ich will das nicht hinschreiben« oder »Na ja, es ist doch nur ein Satz«?

Genau, es ist nur ein Satz, eine Aneinanderreihung von Worten, die eigentlich gar nichts mit Ihnen und Ihrem Leben zu tun hat. Und dennoch wird dadurch jede Menge starkes inneres Erleben angestoßen. Weil wir diese Sätze, diese Wortgebilde, mit Vorstellungen und Bedeutungen verknüpfen. Wir können gar nicht anders, so funktioniert unser Geist. Und wie viel stärker sind diese Verknüpfungen erst bei Sätzen, die für Sie bedeutsam sind und die Sie sich viele Male am Tag »vorsagen«, wie »Ich bin nicht gut genug«, »Ich bin zu dumm«, »Ich krieg nie irgendetwas auf die Reihe«.

Daher ist es hilfreich, wenn wir uns von Zeit zu Zeit bewusst machen, dass dies nur Sätze sind, die uns unser Geist serviert, und uns immer mal wieder ein wenig davon defusionieren.

Defusionsübung 4: Strichliste der Gedanken

Jede:r von uns hat ganz bestimmte typische Gedanken, mit denen wir es uns selbst schwer machen, mit denen wir uns gar selbst »fertig machen« … Beispiele dafür gibt's ohne Ende: »Ich bin zu dumm, zu dick, zu faul, ich krieg nie irgendwas auf die Reihe, alles, was ich anfasse, misslingt, die ganze Welt ist gegen mich, ich habe immer Pech, die anderen mögen mich nicht, ich kann das nicht, das wird nicht funktionieren, keiner mag mich …«

Welches sind Ihre typischen »Fertigmacher«-Sätze?
Notieren Sie die drei häufigsten hier:

1. ....

2. ....

3. ....

Nun beobachten Sie sich drei Tage lang mithilfe der Strichliste. Das bedeutet, Sie machen jedes Mal, wenn Ihr Geist Ihnen einen dieser drei Sätze serviert, einen Strich auf Ihrer Liste. Diese Liste kann ein Block, ein Heft oder auch eine Notizapp im Handy sein. Sie können auch Münzen oder kleine Perlen oder etwas Ähnliches in eine Hosentasche tun und immer, wenn einer der Sätze kommt, eine Münze/Perle in die andere Hosentasche tun. Am Abend jeden Tages zählen Sie, wie viele dieser Sätze zusammengekommen sind. Vermutlich werden Sie überrascht sein.

Anhand dieser kleinen unscheinbaren Übung wird deutlich, wie wir den ganzen Tag mit uns selbst reden, also wie unser innerer Dialog aussieht. Wie viele »Fertigmacher«-Sätze waren es bei Ihnen? Und was bedeutet das? Überlegen Sie einmal, was passieren würde, wenn man den ganzen Tag so mit einem kleinen Kind reden würde – oder mit einem Freund oder einer Freundin. Also: Wie gehen Sie mit sich selbst um? Und: Wollen Sie so weitermachen? Wirklich?

Defusionsübung 5: Mein Gedankenstrom

Sie brauchen: Ein paar Minuten Zeit und einen Wecker/Handyalarm.

Stellen Sie den Timer auf drei bis fünf Minuten und suchen Sie sich ein ruhiges Plätzchen, wo Sie wirklich ungestört sind (Telefon aus, Benachrichtigungen leise stellen etc.). Dann nehmen Sie eine bequeme Haltung ein (in der Sie aber möglichst nicht einschlafen), schließen die Augen und stellen sich Folgendes vor: Alle Ihre Gedanken, die Ihnen fortwährend durch den Kopf gehen, laufen nun in einer Art Parade an Ihnen vorbei und jeder hält ein Plakat oder Schild hoch, auf dem genau der jeweilige Gedanke steht – und zwar *alle* Gedanken, die Ihnen gerade durch den Kopf gehen. Und Sie lassen alle an sich vorbeiziehen und beobachten einfach nur. Egal, ob die Gedanken in Wörtern und Sätzen oder in Bildern kommen, stellen Sie sich vor, dass jeder einzelne Gedanke auf einem Plakat an Ihnen vorbeigetragen wird. Ihre Aufgabe ist es, auf der Tribüne sitzen zu bleiben und die ganze Gedankenparade an sich vorüberziehen zu lassen und einfach nur zu beobachten.

Wenn Sie merken, dass Sie gedanklich abschweifen oder gar die Tribüne verlassen, um mit eine:r der Demonstrationsteilnehmer:innen zu diskutieren, dann nehmen Sie dies einfach wahr und kehren Sie zu Ihrem Beobachter:innenplatz auf der Tribüne zurück.
Wenn Sie bemerken, dass ein bestimmter Gedanke etwas in Ihnen auslöst (Verunsicherung, Verärgerung, Irritation, Traurigkeit etc.), dann registrieren Sie das und machen Sie sich eine kurze geistige Notiz (für unsere weiteren Übungen) und kehren Sie zur Übung zurück. Sie dürfen sich ganz gelassen auf Ihrer Tribüne zurücklehnen und die ganze Parade an sich vorbeiziehen lassen.
Führen Sie die Übung jetzt durch und lesen Sie die anschließenden Fragen am besten erst danach, um die Übung ganz unbeeinflusst durchführen zu können. Los geht's!

Anschlussfragen: Was haben Sie erlebt? Was ist Ihnen aufgefallen? Es war bestimmt an der einen oder anderen Stelle schwierig, unbeteiligt auf der Tribüne sitzen zu bleiben. Vielleicht kamen Ihnen auch Gedanken wie »Was soll diese Übung überhaupt?« oder »Mache ich das auch richtig?«. Vielleicht hat Sie das eine oder andere Plakat aufgeregt oder wütend gemacht und Sie sind daran »hängen geblieben«. Wo ist es Ihnen besonders schwergefallen, auf der Tribüne sitzen zu bleiben? Sie ahnen es ja bestimmt schon, all diese Stellen sind Hinweise auf Verschmelzung (Fusion) mit unseren Gedanken.

Diese kleine Übung lässt uns erfahren, dass in unserem Geist ein unablässiger Gedankenstrom abläuft und dass es da eine:n kontinuierliche:n innere:n Beobachter:in gibt, die/der diesen ganzen Gedankenstrom, die Plakatparade, wahrnehmen und beobachten kann. Und – ganz entscheidend –, dass Sie die Fähigkeit und das Privileg haben, all diese Gedanken einfach vorbeiziehen zu lassen, ohne sich eingehend mit ihnen beschäftigen zu müssen und ohne auf sie reagieren zu müssen. Dass es also zwei verschiedene Ebenen der Bewusstheit gibt, zwischen denen Sie hin und her wechseln können (denn das haben Sie in dieser Übung ja gerade getan). Wir werden uns später im Kapitel 3.5 »Beobachter-Selbst« noch einmal eingehender damit beschäftigen.

Empfehlung: Am besten führen Sie diese kleine Übung – sie dauert ja nur wenige Minuten – ab jetzt jeden Tag einmal durch.

Defusionsübung 6: Gedanken benennen (»Mein Geist sagt gerade …«)

Dies ist sozusagen die Mutter aller Defusionsübungen – und dazu noch die einfachste. Sie schließt auch gut an die vorherige Übung an. Wir arbeiten hier mit den Gedanken, die für uns problematisch sind, also denjenigen, die uns aufregen, die uns triggern, die uns zum Verlassen unserer Tribüne bringen wollen.

Alles, was Sie tun müssen, ist, Ihren inneren Dialog achtsam wahrzunehmen. Und dann stellen Sie einfach bei jedem Gedanken, der etwas bei Ihnen auslöst (Gefühle, Bilder, Empfindungen, Erinnerungen, Handlungsimpulse etc.) den kleinen Satz voran »Mein Geist (oder mein Gehirn) sagt mir gerade, dass…«. Ein Beispiel: In der vorherigen Übung kam Ihnen der Gedanke »Oje, ich kann das alles nicht und es wird sowieso nichts nützen«. Versuchen Sie nicht, gegen den Gedanken »anzuargumentieren«, etwa indem Sie sich gut zureden. Nehmen Sie den Gedanken einfach wahr als einen der Millionen von Gedanken, die Ihr Geist eben so den ganzen Tag produziert, und stellen Sie den kleinen Satz voran: »Aha, mein Geist/mein Gehirn sagt mir gerade, dass ich das alles nicht kann und mein Geist/Gehirn sagt mir, dass es sowieso alles nichts nützt.« Damit haben Sie sich bereits ein Stück weit in die Beobachter:innenperspektive begeben (Sie sitzen also wieder auf der Tribüne) und schon sind Sie nicht mehr so verstrickt in den Gedanken. Probieren Sie es aus und beobachten Sie für sich selbst, welchen Unterschied es macht. Und wenn Ihnen jetzt Gedanken kommen wie »das ist doch albern«, dann können Sie mit diesen Gedanken auch gleich weiter üben. Diese neue Haltung zu den eigenen Gedanken können Sie jederzeit und überall kultivieren, sodass sie Ihnen im Alltag jederzeit zur Verfügung steht. Jedes Mal, wenn ein »schwieriger« Gedanke auftaucht (also ein Gedanke, der Sie herausfordert, nervt, aufregt, der unangenehme Gefühle oder Empfindungen auslöst), können Sie so damit umgehen.

Wichtig ist, dass diese Übung *nicht* dazu dient, schwierige Gedanken oder Gefühle loszuwerden, wegzumachen oder zu kontrollieren. Es geht schlicht und einfach darum, immer mehr Abstand zum eigenen tyrannischen Geist (inneren Kritiker:in, Antreiber:in, wie auch immer Ihrer heißt) zu gewinnen.

Defusionsübung 7: Die Lieblingsgeschichte würdigen

Auch diese Übung mag Ihnen zunächst ein wenig merkwürdig erscheinen. Wenn dem so ist, bedanken Sie sich bei Ihrem Geist für diese Gedanken und schauen Sie, ob Sie die Übung *mit* all diesen Gedanken ausprobieren mögen.

Wählen Sie einen Ihrer typischen schwierigen, belastenden Gedanken aus, einen, mit dem Sie sich häufig herumschlagen. Schreiben Sie diesen Gedanken auf ein kleines Karteikärtchen oder einen Zettel. Halten Sie das Kärtchen jetzt hoch uns lesen Sie Ihren Satz ganz bewusst. Halten Sie das Kärtchen dabei mit einer inneren Haltung der Würdigung, so, als ob es ein wertvolles altes Dokument sei. Auch wenn der Gedanke schmerzvoll oder belastend ist – er ist ein Teil Ihrer ganz persönlichen Lebensgeschichte.

Stellen Sie sich die Frage, ob Sie Ihre Lebensgeschichte würdigen können, indem Sie das Kärtchen ab jetzt bei sich tragen. Wenn Sie sich dazu entscheiden können, stecken Sie das Kärtchen in Ihre Tasche oder in Ihren Geldbeutel und nehmen Sie es mit sich. Holen Sie es über den Tag immer mal wieder hervor, geben Sie ihm Raum, sagen Sie, dass es da sein und mit Ihnen mitkommen darf und würdigen Sie den Satz als Teil Ihrer ganz persönlichen Lebensgeschichte.

Defusionsübung 8: Blätter im Fluss [10]

Dies ist eine Vorstellungsübung. Sie können Sie Satz für Satz lesen und sich die Bilder dabei vorstellen. Oder Sie bitten jemanden, dass er Ihnen die Übung langsam und mit vielen Pausen vorliest, dann können Sie dabei die Augen schließen. Oder Sie nutzen die Audioversion auf meiner Homepage. Nehmen Sie eine bequeme Haltung ein, in der Sie aber möglichst nicht einschlafen.

Stellen Sie sich vor, Sie sitzen am Ufer eines sanft dahinfließenden Flusses. Auf der Wasseroberfläche treiben Blätter dahin.
Pause
In den nächsten Minuten haben Sie nichts zu tun außer jeden Gedanken, der Ihnen durch den Kopf geht, zu nehmen und ihn sanft auf eines der Blätter zu legen. Beobachten Sie, wie er den Fluss hinuntertreibt. Dabei spielt es keine Rolle, was das für Gedanken sind, angenehme oder unangenehme, schmerzliche oder freudige ... Sie legen jeden Gedanken einfach auf ein Blatt und lassen ihn davontreiben.
Pause
Wenn Ihr Gedankenstrom abreißt, betrachten Sie einfach den Fluss. Früher oder später werden wieder Gedanken kommen.
Pause
Lassen Sie den Fluss ganz ruhig in seinem eigenen Tempo fließen. Beschleunigen Sie den Lauf des Wassers nicht ... lassen Sie die Blätter in ihrem eigenen Rhythmus vorbeitreiben ...

10 Diese Übung gibt's auch als Audio unter www.verhaltenstherapie-muenchen.de

Pause
Wenn Ihr Gehirn Ihnen Sätze sagt wie »Das ist zu blöd«, »Das ist langweilig« oder »Du kannst das nicht«, dann legen Sie diese Gedanken ebenfalls auf ein Blatt.
Pause
Bleibt ein Blatt hängen, dann lassen Sie es. Zwingen Sie es nicht dazu, weiterzutreiben.
Pause
Taucht ein schwieriges Gefühl wie Langeweile oder Ungeduld auf, nehmen Sie es einfach zur Kenntnis. Sagen Sie zu sich: »Ich nehme gerade Langeweile oder Ungeduld wahr.« Legen Sie diese Gedanken ebenfalls auf ein Blatt und lassen Sie sie davontreiben.
Pause
Wenn Ihre Gedanken abschweifen und der Fluss auf einmal »weg« ist, so ist das ganz normal und natürlich, das wird einfach von Zeit zu Zeit geschehen ... nehmen Sie es freundlich zur Kenntnis und kehren Sie dann mit Ihrer Aufmerksamkeit zum Fluss zurück ...
Pause
Von Zeit zu Zeit wird Ihr Gehirn versuchen, Sie abzulenken, mit Gedanken wie »Oh, ich muss noch einkaufen« oder »Ich muss noch den Abwasch erledigen«. Das ist ganz normal und natürlich und wird immer wieder geschehen. Sobald Sie es bemerken, nehmen Sie es freundlich zur Kenntnis und kehren Sie dann zur Übung zurück.
Pause
Nehmen Sie sich jetzt noch ein paar Minuten Zeit zum Betrachten Ihres Flusses und legen Sie jeden auftauchenden Gedanken sanft auf einem Blatt ab und lassen ihn den Fluss hinuntertreiben ...

Wenn Ihnen Blätter im Fluss nicht gefallen, können Sie auch variieren mit Wolken am Himmel, Autos auf der Landstraße, Koffern auf einem Transportband, Fischen in einem Teich oder Aquarium, Wellen die vom Ufer wegrollen, Vögel, die am Himmel fliegen.

Defusionsübung 9: Radio »Grübel«

Sie kennen das bestimmt: Das Radio läuft im Hintergrund und dudelt so vor sich hin. Sie hören zwar, dass da etwas läuft, Sie nehmen es sozusagen als Hintergrundgeräusch wahr, aber Sie können den Inhalt nicht verstehen. Und er interessiert Sie auch nicht sonderlich.

Genauso machen Sie das jetzt mit Ihrem Gedankenstrom. Drehen Sie einfach die Lautstärke herunter, bis Sie Ihre Gedanken nur noch undeutlich wie ein Hintergrundrauschen wahrnehmen können.

Der unablässige Gedankenstrom hört dadurch nicht auf – und das muss er auch gar nicht. Beobachten Sie, was sich dabei für Sie verändert, wenn es nur noch im Hintergrund vor sich hin dudelt. Sollten einzelne Gedanke wieder lauter werden und in den Vordergrund treten, dann stellen Sie sie einfach wieder leiser. Wir können zwar den Sender nicht immer wechseln oder das Programm bestimmen – aber wir können jederzeit die Lautstärke regulieren!

Defusionsübung 10: »Anders mit Gedanken umgehen« – eine kleine Sammlung verschiedener Defusionstechniken

Wir erinnern uns: Es geht darum, eine *andere Beziehung* zu unseren Gedanken aufzubauen, Abstand vom eigenen Denken zu gewinnen.

Es ist wichtig, dass Sie die Techniken finden, die zu Ihnen passen. Es gibt ernstere und lustigere Techniken, spektakuläre und unscheinbare. Am besten lesen Sie die Beschreibung nicht nur durch, sondern probieren gleich die Techniken aus, die Sie auf den ersten Blick ansprechen. Wenn Sie sich beim Üben ein wenig seltsam oder gar albern vorkommen, so ist das ganz normal. Und sogar noch mehr: Humor ist eine der allerbesten Distanzierungstechniken. Und wenn Ihr Geist Sätze produziert wie »Mann, ist das lächerlich«, »Ich mache mich hier völlig zum Affen«, »So ein Blödsinn, wie soll das helfen?« – dann bedanken Sie sich bei Ihrem Geist für diese Hinweise, bleiben Sie offen und probieren Sie die Techniken weiter aus.

Gedanken singen
Singen Sie Ihren problematischen Gedanken auf irgendeine einfache Melodie, z. B. »Happy Birthday«. Singen Sie ihn mehrmals zu dieser Melodie, entweder leise in Ihrem Kopf oder noch besser ganz laut und mit großer Show. Beobachten Sie, was geschieht. Probieren Sie verschiedene Melodien aus, gut eignen sich z. B. Kinderlieder wie »Alle meine Entchen«, es eignet sich aber alles von Jazz bis Hip-Hop – nehmen Sie einfach Ihren gerade aktuellen Lieblingssong.
Gedanken als Comic
Diese Technik eignet sich besonders gut für negative Selbstbeurteilungen. Suchen Sie sich eine Comic- oder Serienfigur mit einer komischen Stimme heraus, wie etwa Micky Maus, Homer Simpson, oder Pumuckl. Hören Sie Ihren belastenden Gedanken jetzt im Kopf in der charakteristischen Stimme der Comicfigur, als würde diese Figur Ihren Gedanken laut aussprechen – oder noch besser, sprechen Sie ihn selbst, als ob Sie Micky Maus wären. Beobachten Sie, was geschieht. Experimentieren Sie mit verschiedenen Charakteren aus Film und Fernsehen, vielleicht nehmen Sie jemanden aus Ihrer Lieblingsserie oder eine:n Schauspieler:in.
Zeitlupe oder Zeitraffer
Sprechen Sie Ihren belastenden Gedanken ganz langsam. Und jetzt noch mal gaaaanz langsam, in Ultra-Zeitlupe. Geht es noch langsamer? Beobachten Sie, was passiert. Eine weitere Variante ist, den Gedanken mehrmals hintereinander ganz schnell zu sprechen.
Gedanken einen Titel geben
Finden Sie für Ihre typischen automatischen Gedanken Titel, wie z. B. die Ich-bin-nicht-gut-genug-Geschichte, die Welt-ist-so-böse-Geschichte, die Keiner-mag-mich-Geschichte, die Ich-bin-langweilig-, die Ich-bin-unfähig-Geschichte und so weiter und so weiter. Wenn ein Gedanke auftaucht, der unter diese Überschrift passt, nehmen Sie ihn zur Kenntnis, indem Sie ihn bei seinem Titel nennen: »Ja hallo, ich kenn dich schon, du bist der bekannte Klassiker, die Ich-schaff-das-nie-Geschichte.« Und dann lassen Sie den Gedanken wieder ziehen, wie einen Film, den Sie schon tausend Mal gesehen haben, Sie brauchen

ihm keine weitere Aufmerksamkeit zu widmen. Eine Variante davon ist, dem belastenden Gedanken einen Spitznamen zu geben, der nur für Sie etwas bedeutet.

Gedanken auf dem Bildschirm

Stellen Sie sich Ihren Gedanken auf einem Fernseher vor oder auf einem Computerbildschirm oder auf der Kinoleinwand. Sie können nun das Bild verändern, wie Sie wollen, rein- oder rauszoomen, die Distanz zum Bildschirm verändern, es über den Bildschirm scrollen lassen, es sich dehnen oder verzerren lassen. Spielen Sie es rückwärts ab oder in Zeitlupe. Verändern Sie die Farbe, lassen Sie es schwarz-weiß werden oder grellgelb, mit Blümchen verziert oder animieren Sie es auf andere Weise. Probieren Sie dazu den Soundtrack Ihrer Wahl aus. Experimentieren Sie mit verschiedenen musikalischen Richtungen: klassische Musik, Rock, Rap, Hip-Hop, Jazz oder Ihrer Lieblingsfilmmusik.

Szenenwechsel

Werden Sie kreativ und stellen Sie sich Ihren problematischen Satz in ganz verschiedenen Umgebungen vor. Zum Beispiel auf dem T-Shirt einer Bekannten, als Tattoo eines Rockstars, von einem Kunstflieger in den Himmel gemalt, am Strand in den Sand geschrieben, als Anzeige im Fußballstadion, als Werbetafel in der U-Bahn, als Briefmarke usw. Lassen Sie Ihrer Vorstellungskraft freien Lauf. Nehmen Sie wahr, was mit Ihrem problematischen Gedanken und den dazugehörigen Gefühlen passiert.

Egal, welche Techniken Sie ausprobieren, vergegenwärtigen Sie sich, dass es niemals darum geht, Ihre Gedanken lächerlich zu machen, sondern darum, einen gesunden Abstand zur eigenen Denkmaschine zu bekommen.

Stolpersteine:

- **»Aber es ist doch wahr!«** – manchmal kommt uns dieser hartnäckige Gedanke. »Es ist doch wahr, dass ich ein:e Versager:in bin«, »Es ist doch wahr, dass ich zu dick bin«, »Es ist doch wahr, dass ich immer nur Pech habe«, »Es ist doch wahr, dass ich zu dumm bin«.

Ist dieser Gedanke richtig oder falsch, ist er wahr oder unwahr? Mag sein, dass an Ihrem Gedanken etwas »dran« ist. Aber darum geht es an diesem Punkt gar nicht. Egal, ob ein Gedanke wahr zu sein scheint oder nicht, es geht darum, was er mit uns macht und wie wir selbst dabei mit uns umgehen. Wie fühlen wir uns, wenn wir uns diese Geschichte über uns selbst erzählen, was sind wir für ein Mensch, wenn wir so denken, wie gehen wir durchs Leben und auf das Leben zu, wenn wir diese Gedanken haben? Hier ist Ihre eigene Erfahrung gefragt: Wie fühlen Sie sich und wie *verhalten* Sie sich üblicherweise, wenn Sie mit diesen Gedanken durchs Leben gehen? Und was verändert sich, wenn Sie mehr Abstand zu Ihren Gedanken aufbauen?

- **»Aber es *sind* doch meine Gedanken.«** Ja, unbenommen. Und manche Gedanken sind schmerzlich und fühlen sich sehr schwer an. Vor allem, wenn sie uns im Leben schon viel Trauer, Verlust, Ärger und Schmerz bereitet haben. Es geht hier keinesfalls darum, diese Gedanken lächerlich zu machen oder leichtfertig über sie hinwegzugehen (mehr dazu und zu den auftauchenden/begleitenden Gefühlen auch im Kapitel 3.4). Das Ziel ist, sich zuerst einmal ein wenig Abstand zu verschaffen, eine Verschnaufpause sozusagen, um wieder handlungsfähig zu werden.
- **Positive thinking:** eine trickreiche Falle. Wir wollen keinen vermeintlich negativen Gedanken durch einen vermeintlich positiven ersetzen! Ziel ist es, die Gedanken einfach sein zu lassen, so wie sie eben gerade auftauchen, und sie als kontinuierlichen Gedankenstrom zu betrachten, den unser Gehirn unablässig produziert, eine Reihe von Worten, nicht mehr und nicht weniger.

Fazit: Sie merken, es geht nicht um den *Inhalt* unserer Gedanken, es geht darum, wie wir zu unseren Gedanken *in Beziehung* treten: ob wir uns von ihnen herumschubsen lassen wollen oder eben nicht, ob wir ihnen erlauben wollen, uns zu diktieren, was wir (nicht) tun dürfen und wer wir (nicht) sein dürfen.

3.4 Superkraft 3: Akzeptanz – annehmen, was *ist*

Gib mir die Gelassenheit, Dinge hinzunehmen,
die ich nicht ändern kann,
den Mut, Dinge zu ändern, die ich ändern kann,
und die Weisheit,
das eine vom anderen zu unterscheiden.
(Reinhold Niebuhr)

Bevor Sie weiterlesen:
Legen Sie das Buch kurz beiseite, richten Sie Ihre Aufmerksamkeit nach innen und schauen Sie, welche Gefühle und Empfindungen gerade da sind. Schauen Sie, ob Sie alles einfach da sein lassen und Ihrem ganzen inneren Erleben Raum geben können, ohne es zu bewerten oder dagegen anzukämpfen – sei es angenehm, unangenehm oder neutral, es ist einfach da, jetzt in diesem Augenblick.

WAHRNEHMUNGSPAUSE

Fertig? Voilà, das ist Akzeptanz. Gratuliere, Sie haben gerade Ihre Superkraft der Akzeptanz eingesetzt.

Kurz erklärt: Akzeptanz bedeutet, Raum zu schaffen für das, was *ist*. Es ist eine alternative Haltung zu unserer Kontrollagenda.

Länger erklärt: Mit der Superkraft der Akzeptanz öffnen wir uns unserem inneren Erleben. Wir lassen alles, was da ist, einfach da sein. Unser ganzes inneres Erleben, all unsere Gefühle, Gedanken und Empfindungen, seien sie angenehm, neutral oder schmerzlich. Wir lassen sie da sein, weil sie ohnehin da *sind* (!). Wir hören auf, sie kontrollieren zu wollen, wir hören auf, gegen sie anzukämpfen und uns in diesem Widerstand aufzureiben. Und genau dadurch wird Energie frei, die Energie, die wir bislang auf das Dagegenankämpfen ver(sch)wendet haben. Und das macht uns frei. Frei für alles, was uns eigentlich in unserem

Leben wichtig ist und was möglicherweise in letzter Zeit, oder schon länger, zu kurz gekommen ist.

Bei manchen von uns ruft allein schon das Wort »Akzeptanz« Widerstand oder Ablehnung hervor. Weil es mit Passivität, Resignation, mit Aufgeben, mit Sich-gehen-Lassen assoziiert wird. Es gibt ein sehr schönes altertümliches Wort dafür: »Langmut.« Im Duden steht dafür: »Durch ruhiges, beherrschtes, nachsichtiges Ertragen oder Abwarten von etwas gekennzeichnete Verhaltensweise.« Wohlgemerkt Verhaltensweise (!) – manchmal ist der richtige Weg, mit Dingen klarzukommen, sie langmütig (Mut!) zu ertragen. Akzeptanz darf hier eben keinesfalls mit passiver Resignation oder mit zähneknirschendem Sichabfinden (»white-knuckle acceptance«) verwechselt werden – ganz im Gegenteil, Akzeptanz ist ein sehr aktiver Vorgang, es ist eine aktive und bewusste *Entscheidung,* die Sie treffen können, und zwar jederzeit. Die gute Nachricht ist, dass Sie dies schon jetzt können, Sie verfügen bereits über die Superkraft der Akzeptanz. Die *Entscheidung* dafür, sie auch wirklich einzusetzen, erfordert allerdings Ehrlichkeit (sich selbst gegenüber) und Mut.

Wann brauchen wir Akzeptanz? Immer wenn wir versuchen, unser *inneres* Erleben zu kontrollieren, wenn wir gegen bestehende *innere* Zustände ankämpfen und uns dabei aufreiben. Das können schwierige Gedanken sein, schmerzliche Gefühle, unangenehme Körperempfindungen, belastende Erinnerungen, bedrohliche Impulse. Also immer, wenn sich uns unsere ganz persönlichen inneren Monster in den Weg stellen, unsere Angstmonster, Unzulänglichkeitsmonster, Hilflosigkeitsmonster, Perfektionismusmonster, Versagermonster, Ich-bin-nicht-gut-genug-Monster, Wutmonster, Du-schaffst-das-nie-Monster, Depressionsmonster, Traumamonster, Ich-hab-immer-Pech-Monster, Keiner-liebt-mich-Monster, oder wie immer Ihre persönlichen inneren Monster auch heißen mögen.

Oh, und hier ist es ja schon, das Monster.

Und es tut das, was Monster halt so tun, es steht groß und breit im Weg und manndlt sich mordsmäßig auf.[11]

Sie sind also gerade so in Ihrem Leben unterwegs, Sie kommen von irgendwoher (Vergangenheit) und wollen irgendwohin (Zukunft), vermutlich irgendwohin, wo Sie gerne sein wollen, auf dem Weg zu etwas, das Ihnen wichtig ist, das Ihren Werten entspricht, das Ihnen am Herzen liegt. Und plötzlich stellt sich Ihnen Ihr Monster in den Weg, waaaah! Und das Monster ist wirklich sehr dreist und hartnäckig, es fuchtelt und schreit herum, versperrt den Weg, versucht Sie womöglich gar von Ihrem eingeschlagenen Wege, also Ihrem Ziel, abzubringen. Was tun? Sicherlich haben Sie das schon des Öfteren erlebt. Was sind Ihre bisherigen Erfahrungen damit? Was passiert, wenn Sie auf das Monster hören, sich von ihm ablenken lassen, sich gar einschüchtern

11 Das ist offenbar ein bayerisches Monster, für alle Nicht-Bayern: »aufmanndln« bedeutet sich wichtigmachen.

lassen, mit ihm herumdiskutieren, ihm gar nachgeben oder es gewähren lassen? Vermutlich kommen Sie nicht an Ihr Ziel. Und schlimmer noch, Sie machen sich womöglich anschließend sogar Selbstvorwürfe (hier ist das nächste Monster) und sind frustriert, weil Sie es »wieder mal nicht geschafft« haben. Der perfekte Teufelskreis.

Was also tun? Am Monster vorbeimogeln funktioniert ja meist auch nicht, ebenso wenig wie das Monster zu bekämpfen. Im Gegenteil, es wird dadurch meist noch renitenter und lästiger. Sie könnten natürlich auch eine ganz andere Richtung einzuschlagen, das haben Sie ja bestimmt in der Vergangenheit auch schon probiert (und vielleicht ist das sogar Teil Ihres Problems). Denn leider führt Sie das dann nicht mehr in die Richtung, in die Sie gehen wollen, in Richtung Ihrer Werte, auf das zu, was Ihnen wichtig ist, was Ihnen am Herzen liegt. Kommt Ihnen das bekannt vor?

Noch mal: Was also tun?

Ups, was ist denn hier passiert?
Das sieht ja so aus, als hätten Sie geradewegs Kurs auf Ihr Ziel genommen und haben dabei Ihr Monster im Schlepptau … Ja, geht denn das???

Jawoll, geht! Genau so funktioniert die Superkraft Akzeptanz. Sie verhilft Ihnen dazu, Ihr persönliches Monster einfach mit auf Ihren Wert-vollen Lebensweg zu nehmen, auf den Weg, der Sie dahin führt, wo Sie in Ihrem Leben hinmöchten. Beachten Sie: Das Monster ist nicht weg. Im Gegenteil, es ist noch ganz nah bei Ihnen und es mag vielleicht auch noch hinter Ihnen herumfuchteln und herumschreien – aber es hindert Sie nicht mehr daran, das zu tun, was Sie tun möchten, Ihren Lebensweg zu verfolgen. Denn Sie haben Ihren Umgang mit ihm verändert. Nicht mehr und nicht weniger. Und nicht vergessen: Akzeptanz ist viel mehr als ein Gedanke oder ein Gefühl, sie äußert sich in unserem Verhalten, im konkreten Handeln.

Was Akzeptanz nicht ist: Passivität. Resignation, Augen-zu-und-Durch, zähneknirschendes Sichabfinden (»white-knuckle acceptance«).

Wozu diese Superkraft dient: Sie schafft Raum für unser inneres Erleben (welches ja ohnehin da ist) und ermöglicht es uns, den Kampf ruhen zu lassen. Wir erfahren, dass wir die *Entscheidungshoheit* über das eigene Verhalten haben: Wir können unser inneres Erleben bewusst wahrnehmen, müssen aber nicht unmittelbar darauf reagieren.

Achtung: Wir üben keine Akzeptanz nur um der Akzeptanz willen. Es ist essenziell zu entscheiden, wann es Sinn ergibt, die Superkraft der Akzeptanz einzusetzen und wann nicht (s. a. Fußnote/Exkurs in Kap. 2 (Wie dieses Buch funktioniert)). Bei der Superkraft Akzeptanz geht es in unserem Sinne um *inneres* Erleben. Manchmal ist es selbstverständlich gut, Dinge im Äußeren zu verändern, um aus untragbaren Zuständen herauszugehen und schädliche oder gar gefährliche Situationen zu verlassen. Dies ist immer der Fall, wenn Sie selbst oder andere gefährdet oder bedroht sind, beispielsweise bei Drogensucht oder jeder Form von Gewalt. An dieser Stelle eine ganz deutliche Warnung:

Akzeptanz heißt eben keinesfalls eine schwierige oder gar schädigende Situation auf Teufel komm raus auszuhalten oder in ihr zu verharren. Niemand sollte in schädlichen oder gefährlichen Situationen oder Umfeldern verbleiben. Situationen, die für Sie oder Ihr Umfeld schädigend oder gefährlich sind (z. B. Missbrauch, Gewalt, Fremd- oder Selbstverletzung), müssen natürlich verändert bzw. verlassen werden. Es gilt in diesen Fällen unbedingt, die äußeren Umstände zu verändern, gegebenenfalls suchen Sie sich bitte Hilfe von außen.

Beispiel Suchtproblematik: Hier kann es natürlich nicht darum gehen, Ihre Sucht als solche zu akzeptieren. Vielmehr ginge es hier darum, unangenehme und »unaushaltbare« Gefühle, die Sie mit ihrem Suchtmittel »wegzumachen« versuchen, zu akzeptieren – und dann das Gefühl des Craving[12] zu akzeptieren und das Verlustgefühl zu akzeptieren, das entstehen kann, wenn man seine bevorzugte Problemlösestrategie aufgibt, den emotionalen »Tumult« und/oder körperliche Missempfindungen zu akzeptieren, wenn man seine gewohnte Emotionsregulationsstrategie (oder Erlebensvermeidungsstrategie) nicht mehr zur Verfügung hat.

Wenn Sie die Superkraft Akzeptanz kultivieren, werden Sie spüren, dass Ruhe einkehrt. Viele Menschen erleben auch eine deutliche Erleichterung. Der Teufelskreis des automatischen Reagierens wird unterbrochen: Sie »müssen« nicht mehr nach alten Mustern reagieren, Sie können den Kampf ruhen lassen. Dadurch wird Energie frei, Energie für das, was Ihnen wirklich wichtig ist.

Wie geht's in a nutshell: Der erste Schritt in Richtung Akzeptanz ist, uns selbst einzugestehen, dass unsere bisherigen Strategien des Vermeidens und Dagegenankämpfens nicht funktionieren. Und dass es jetzt an der Zeit ist für etwas radikal anderes. Wir wenden uns also genau dem zu, was wir bisher um jeden Preis versucht haben loszuwerden, unserem Leid, dem, was an uns nagt, was uns aufregt, was uns belastet, was uns nervt, was schmerzt. Wir betrachten unser inneres

12 Craving: dringendes Verlangen nach dem Suchtmittel

Erleben ohne Wertung, ohne irgendetwas verändern zu wollen. Alles, was gerade da ist, darf da sein, sei es angenehm, neutral oder schmerzlich. Wir müssen es nicht mögen, wir geben ihm lediglich Raum. Raum zum Da-Sein.

Wie kann ich meine Superkraft kultivieren (Übungen):

1. Das kleine blaue Schweinchen, oder: Was kann ich kontrollieren? (Einführung)
2. Meine Lebenskiste
3. Mein Gefühlsraum, oder: Gefühle akzeptieren (auch als Audio) und Kurzversion
4. Der Akzeptanzschalter
5. Das Tagebuch des Innehaltens
6. Die Ich-kann-nicht-Mauer
7. Die Gefühlsformel für den Alltag
8. Auf die Haltung kommt es an

Akzeptanzübung 1: Das kleine blaue Schweinchen, oder: Was kann ich kontrollieren?

Diese erste kleine Übung ist eher ein Experiment, um erst einmal zu gucken, was wir kontrollieren können und was nicht. Und wo es überhaupt Sinn ergibt, zu kontrollieren. Sie erinnern sich an das Gelassenheitsgebet (s. Zitat am Anfang dieses Kapitels). Das Wichtigste hier ist das Unterscheiden, also zu erkennen, wo Kontrolle und/oder Veränderung hilfreich (und überhaupt möglich) ist und wo eben nicht.

Vielleicht kennen Sie diese kleine Übung auch bereits als »Der rosa Elefant«.

Es gibt Dinge im Leben, über die wir Kontrolle haben, und Dinge, über die wir wenig oder keine Kontrolle haben. Wenn mir zum Beispiel mein Sofa oder mein Bild im Wohnzimmer nicht gefällt, dann kann ich es austauschen. Wenn Ihnen dieses Buch nicht gefällt, dann klappen Sie es einfach zu und verschenken es.

Das funktioniert aber nicht mit allem so. Wenn ich jetzt zum Beispiel zu Ihnen sage, bitte verlieben Sie sich auf der Stelle in Ihr:e Nachbar:in … funktioniert das? Oder wenn ich Sie jetzt bitte, sich daran zu erinnern, was Sie heute zum Frühstück gegessen haben, dann können Sie sich vermutlich daran erinnern, es funktioniert. Wenn ich Sie nun aber bitte, diese Erinnerung daran, was Sie heute gefrühstückt haben, jetzt auf der Stelle wieder zu vergessen … funktioniert das?

Sie können gleich einmal selbst ausprobieren, wie unser Geist funktioniert und was wir kontrollieren können und was nicht:

Nehmen Sie sich jetzt zwei Minuten Zeit (tun Sie es wirklich, probieren Sie es aus!). In diesen zwei Minuten dürfen Sie an alles denken, nur *nicht* an ein kleines blaues Schweinchen. Egal woran Sie denken, nur keinesfalls an ein kleines blaues Schweinchen … nur zwei Minuten lang denken Sie bitte auf gar keinen Fall an das kleine blaue Schweinchen, o. k.?

ZWEI MINUTEN PAUSE

So, wie hat das für Sie geklappt? Was haben Sie während der letzten zwei Minuten erlebt? Was hat Ihr Gehirn mit dem kleinen blauen Schweinchen getan? Natürlich gibt es Strategien, um sich abzulenken, vielleicht waren Sie ja schlau und haben zwei Minuten lang Kreuzworträtsel gelöst und dann tatsächlich nicht an das blaue Schweinchen gedacht. Aber die meisten von uns wollen ja nicht ihr ganzes Leben mit Kreuzworträtseln verbringen.

Also: Kennen Sie das auch aus anderen Situationen in Ihrem Leben, von anderen Gedanken oder Gefühlen? Wo ergibt es aus Ihren bisherigen Erfahrungen heraus Sinn zu kontrollieren, zu kämpfen, zu vermeiden und wo nicht? Und wohin führt Sie das?

Und was bedeutet das für Sie, Ihre inneren Monster und die Superkraft Akzeptanz?

Akzeptanzübung 2: Meine Lebenskiste

Ein kleines Experiment: Nehmen Sie eine kleine Kiste, zum Beispiel einen Schuhkarton, der mit »Zeugs« gefüllt ist, egal womit. Dann nehmen Sie die Kiste in beide Hände und halten Sie sie waagrecht auf Armeslänge von sich weg, also mit beiden nach vorne ausgestreckten Armen. Machen Sie das exakt zwei Minuten lang. Und jetzt bitte nicht weiterlesen, erst ausprobieren!

Was haben Sie erlebt? Ist die Kiste schwer und immer schwerer geworden? Haben Sie es geschafft, Ihre Arme zwei Minuten lang ausgestreckt zu halten? Was ist Ihnen dabei durch den Kopf gegangen (außer »Was ist das für eine blöde Übung?«)?

Nun stellen Sie sich vor, Ihr gesamtes inneres Erleben wäre in dieser Kiste. Es ist alles drin, Gedanken, Gefühle, Erinnerungen, Empfindungen, Selbstbilder usw. Und zwar die ganze Palette: schönes, neutrales und unangenehmes Erleben, alles zusammen in dieser Kiste.

Da es Ihre Lebenskiste ist, müssen Sie sie zwangsläufig immer mit sich herumtragen, wohin Sie auch gehen, Sie können sie nicht einfach irgendwo ablegen, denn es ist ja alles darin, was Sie ausmacht. Wie würden Sie die Schachtel am besten durch Ihr Leben tragen? Auf Armeslänge entfernt, damit Sie mit den schwierigen Inhalten, mit den Inhalten die Sie ablehnen, möglichst nicht in Berührung kommen? Wie lange können Sie das durchhalten? Und was würde sich ändern, wenn Sie sich die Kiste einfach unter den Arm klemmen? Dann wäre all das schwierige innere Erleben immer noch da, und sogar ganz nah bei Ihnen, aber es wäre nicht mehr so schwer zu tragen, nicht mehr so anstrengend. Und Sie hätten die Hände frei, um damit andere Dinge zu tun, die Ihnen wichtig sind. Was bedeutet das für Ihren Umgang mit Ihrem inneren Erleben?

Akzeptanzübung 3: Mein Gefühlsraum, oder: Gefühle akzeptieren[13]

(in Anlehnung an Forsyth & Eifert, 2010; Eifert & Timko, 2012)

Wie bei den vorhergehenden Übungen geht es auch bei dieser Übung nicht darum, etwas zu verändern. Wir wollen beobachten und erleben. Schwierige Gefühle sollen einfach da sein dürfen und wir wollen erfahren, was passiert, wenn wir sie nicht vermeiden, nicht zu kontrollieren versuchen, nicht vor ihnen fliehen, sondern ihnen Raum geben und sie erleben.

Wählen Sie ein für Sie »schwieriges« Gefühl aus, eines, mit dem Sie sich vielleicht schon lange herumschlagen, ein Gefühl, das hartnäckig immer wieder auftaucht und welches ein Problem für Sie darstellt, weil es Sie daran hindert, Dinge zu tun, die Ihnen wichtig sind. Vielleicht ist dies auch ein Gefühl, dem sie schon lange ausgewichen sind, das Sie schon lange vermieden haben und vor dem Sie auch ein wenig Angst haben. Beispiele sind Angst, Hilflosigkeit, Unzulänglichkeit, Trauer, Wut, Scham. Achten Sie darauf, ein Gefühl auszuwählen und keinen Gedanken. Am leichtesten geht das, wenn Sie sich eine kürzlich erlebte Situation ins Gedächtnis rufen, in der dieses Gefühl aufgetaucht ist.

Achtung: Keinesfalls sollten Sie ein Gefühl auswählen, das in Zusammenhang mit einem traumatischen Erlebnis steht. Solche Dinge sollen immer mit erfahrenen Fachleuten, wie z. B. eine:r Psychotherapeut:in bearbeitet werden.

Jetzt geht's los:

Ich lade Sie jetzt ein, sich bequem hinzusetzen, mit geradem, entspanntem Rücken und die Füße flach auf den Boden zu stellen. Schließen Sie die Augen und richten Sie Ihre Aufmerksamkeit ganz nach innen ... lassen Sie Ihren Atem fließen ... ganz in Ihrem eigenen Rhythmus ..., ohne irgendetwas verändern zu wollen ... es atmet ganz von selbst ...

***Beobachten** Sie einfach nur:*

Richten Sie Ihre Aufmerksamkeit ganz auf Ihr Gefühl, ... Ihre Angst, Ihre Trauer, Ihre Hilflosigkeit, Ihre Scham, was auch immer Sie ausgewählt haben,

13 Diese Übung gibt's auch als Audio unter www.verhaltenstherapie-muenchen.de

um es näher zu betrachten ... Holen Sie sich dieses Gefühl jetzt her, lassen Sie es ganz präsent werden ... vielleicht erinnern Sie sich an die konkrete Situation, in der Sie es zuletzt gespürt haben ...
Schauen Sie zunächst, wo in Ihrem Körper Sie dieses Gefühl am deutlichsten wahrnehmen können ... wo können Sie es am intensivsten spüren? ... Sie müssen nichts daran verändern, einfach nur wahrnehmen ...beobachten Sie das Gefühl ganz genau ... in allen seinen Facetten ... Nehmen Sie wahr, wo es beginnt und wo es aufhört ... Befindet sich das Gefühl an der Oberfläche Ihres Körpers oder tief im Inneren oder beides? ... Wo ist es am intensivsten ... wo ist es am schwächsten ... hat es eine Farbe ... eine Form? ... Wenn Sie mit den Gedanken abschweifen, kehren Sie einfach sanft zurück zum Gefühl und konzentriert Sie sich wieder darauf ... Nehmen Sie es in all seinen Facetten wahr .... ist es leicht oder schwer ... ist es ruhig oder bewegt es sich ... fühlt es sich warm oder kalt an ... rau oder glatt? ... Bleiben Sie einfach ganz bei Ihrem Gefühl ...
und nun ***atmen*** *Sie:*
Atmen Sie in das Gefühl hinein, während Sie es weiter beobachten ... stellen Sie sich vor, wie Ihr Atem in und um dieses Gefühl herum fließt ... Atmen Sie sanft in und um das Gefühl herum ...
und nun ***weiten*** *Sie sich:*
während Sie weiter in und um Ihr Gefühl herum atmen, ist es, als ob sich da ein Raum in Ihnen öffnet ... es wird immer weiter .... und Sie öffnen sich um dieses Gefühl herum ... und geben ihm Raum ... und lassen es sich ausdehnen ... Sie öffnen dem Gefühl einen inneren Raum ...
und dann ***lassen Sie es da sein:***
Schauen Sie, wie Sie dieses Gefühl einfach da sein lassen können ... Sie müssen es weder mögen noch wollen ..., sondern einfach nur da sein lassen ... es zulassen ... es beobachten ... hinein atmen ... sich öffnen ... für das Gefühl ... und es so sein lassen, wie es gerade ist ...
Vielleicht haben Sie das Bedürfnis, es zu bekämpfen oder zu verdrängen ... das ist ganz normal ... und schauen Sie, wie Sie auch dieses Bedürfnis einfach wahrnehmen können, ohne darauf zu reagieren ... und beobachten Sie einfach wieder Ihr Gefühl ...

Vielleicht verändert es sich von selbst, dann ist das in Ordnung ... Wenn es sich nicht verändert, so ist das auch in Ordnung ...
Es geht nicht darum, etwas zu verändern oder loszuwerden, es geht darum, das Gefühl einfach zuzulassen ... lassen Sie es einfach da sein ...
... Dieses Gefühl zeigt Ihnen, dass Sie ein ganz ***normaler Mensch*** *mit einem Herz und mit Empfindungen sind. Es sagt Ihnen, dass es Menschen und Dinge in Ihrem Leben gibt, die Ihnen wichtig sind ..., und das ist in Ordnung ... Legen Sie jetzt eine Hand auf die Stelle Ihres Körpers, wo Sie das Gefühl am deutlichsten wahrnehmen ... Spüren Sie, wie die Wärme der Hand in Ihren Körper fließt ... nicht um das Gefühl loszuwerden oder abzuschwächen, sondern um ihm Raum zu geben... da sein zu dürfen ... Betrachten Sie es wohlwollend ...* ***halten Sie es*** *sanft, als wäre es ein kleines Kind oder ein ängstlicher kleiner Hund oder ein kleines verletztes Vögelchen ...*
Nehmen Sie jetzt Ihre Hand wieder weg und atmen Sie noch einmal in das Gefühl hinein ... und werden Sie ganz weit darum herum ...
Und nun richten Sie den Scheinwerfer Ihrer Aufmerksamkeit wieder zurück in den Raum, in dem Sie gerade sind, öffnen Sie die Augen und nehmen Sie wahr, was Sie um sich herum sehen und hören können und nehmen Sie wahr, dass da nicht einfach nur ein Gefühl ist, sondern sehr viel mehr ... ein Gefühl in einem Körper, in einem Raum, in einer Welt voller Möglichkeiten ... Willkommen zurück hier im Raum.

Nehmen Sie sich jetzt noch die Zeit für sich selbst, ein paar Fragen zu beantworten:

- Wie war es für Sie, das Gefühl einfach da sein zu lassen, nichts aktiv verändern zu müssen?
- Gab es an irgendeiner Stelle Blockaden, Widerstände?
- Was hat Ihr Geist gesagt? Sind Bewertung oder Beurteilungen aufgetaucht?
- Gab es Handlungsimpulse?
- Hat sich das Gefühl während der Übung verändert? Wenn ja, wie? Wenn nicht, so ist das auch völlig in Ordnung.
- Und was bedeutet die Übung für Ihren weiteren Umgang mit »schwierigen« oder belastenden Gefühlen?

Das ist Ihnen zu lang oder zu kompliziert? Dann hier für Sie noch die **Kurzversion und die Ultrakurzversion für alle Gelegenheiten:**

Ultrakurzversion in zwei Schritten	Kurzversion in vier Schritten	Den Gefühlsraum öffnen
Wahrnehmen	Wahrnehmen	Benennen und beobachten Sie das Gefühl: Nehmen Sie wahr, wo im Körper es sich befindet. Nehmen Sie wahr, wo es am intensivsten ist. Nehmen Sie es in all seinen Facetten und Beschaffenheiten wahr
	Atmen	Atmen Sie sanft mit dem Gefühl, darum herum und in das Gefühl hinein
Da sein lassen	Da sein lassen	Lassen Sie das Gefühl einfach nur da sein. Sie müssen gar nichts verändern. Vielleicht mögen Sie dieses Gefühl gerade nicht besonders, vielleicht ist es Ihnen sogar recht unangenehmen. Das macht nichts. Lassen Sie es für den Augenblick einfach da sein
	Sanft halten	Legen Sie Ihre Hand auf die Stelle, an der Sie das Gefühl am intensivsten spüren – und halten Sie es fürsorglich, wie ein kleines verletztes Tier oder einen kranken Freund

Akzeptanzübung 4: Der Akzeptanzschalter

Ich hoffe, Sie haben mit den Übungen bis hierher gute Erfahrungen gemacht. An dieser Stelle kann es passieren, dass man an folgenden Punkt kommt: Alles schön und gut, aber wie geht das denn jetzt mit der Superkraft Akzeptanz im richtigen Leben? Was mache ich, wenn ich in einer wirklich schwierigen Situation bin und von meinen Gefühlen überwältigt werde? Dann kann ich ja schlecht sagen: »Moment, ich muss jetzt erst mal gehen und meinen Gefühlsraum öffnen.«

Ja, das kann bisweilen ein wenig tricky sein, denn leider gibt es ja für unsere unerwünschten inneren Zustände, Gedanken, Gefühle, Empfindungen, keinen direkten Schalter. Wir können unsere persönlichen Monster, also unsere Angst, unsere Depression, unsere Minderwertigkeitsgefühle, unsere Scham etc., nicht einfach abschalten. Und schon gar nicht mitten in schwierigen Situationen.

Aaaaber, glücklicherweise gibt es einen anderen Schalter: den Akzeptanzschalter. Und das Beste: Jede:r von uns verfügt bereits über ihn. Vielleicht ist er ein wenig eingerostet, weil Sie ihn schon lange nicht benutzt haben. Macht nichts, Sie werden merken, er funktioniert trotzdem noch.

Und so geht's: Stellen Sie sich vor, Sie hätten zwei Schalter vor sich, zwei Regler mit jeweils 10 Stufen. Der eine heißt »mein inneres Erleben« (also Gedanken, Gefühle, Bilder, Erinnerungen, Empfindungen etc.) und der andere »Bereitschaft«.

mein inneres Erleben

Bereitschaft

Wie ist das Ihrer Erfahrung nach mit dem Kontrollieren, mit dem Regulieren, des inneren Erlebens? Oder gar mit dem Versuch, es »auszuschalten«? Funktioniert das gut, oder erzeugt das Kontrollierenwollen des inneren Erlebens manchmal genau das Gegenteil? Wir haben in vielen Situationen wenig willentliche Kontrolle über unser inneres Erleben, alle diese Phänomene kommen und gehen. Wir können unsere Gefühle nicht an- und ausschalten, wie wir wollen. Was wir aber »regeln« können, ist unsere Bereitschaft, diese Gefühle zu spüren und da sein zu lassen – und nichts anderes ist die Superkraft Akzeptanz.
Gut also, dass es noch diesen zweiten Schalter gibt! Im Gegensatz zum Inneren-Erlebens-Schalter können *Sie* den Bereitschaftsschalter selbst

regeln. Es liegt an Ihnen, ob sie ihn ein- oder ausschalten, auf welche Stufe Sie ihn herauf- oder herunterdrehen. Das ist tatsächlich erst mal eine Entscheidung und dann ein wenig Übung.
Immer wenn »schwieriges« inneres Erleben auftaucht, wenn sich Ihnen Ihre persönlichen inneren Monster in den Weg stellen, dann halten Sie inne und erinnern Sie sich an Ihre Superkraft und bedienen Sie den Akzeptanzschalter. Sie können diese Übung auch benutzen, um bestimmte Situationen vorzubereiten.

Ein Beispiel: Eine Klientin hat folgenden Gedanken: »Bei der Präsentation, die ich morgen halten soll, werde ich wieder wahnsinnig nervös sein, ich habe jetzt schon Angst, bestimmt werde ich zittern und rot werden und alle werden es merken und mich für blöd halten. Am liebsten würde ich absagen oder mich krankmelden.« – Fragen Sie sich an diesem Punkt: Bin ich *bereit*, diese Angst da sein zu lassen *und* die Präsentation zu halten? Die Präsentation ist mir wichtig, weil ich meine Kompetenz zeigen möchte und weil mir auch unser Projekt wichtig ist. Wenn ich bereit bin, meine Angst da sein zu lassen und sie in die Präsentation mitzunehmen – und ja, auch das Risiko einzugehen, dass ich vielleicht rot werde oder zittere –, dann kann ich die Präsentation halten, weil es mir wichtig ist.

Interessanterweise laufen wir ja nicht weg, weil wir Angst haben, sondern weil wir nicht bereit sind, diese Angst auszuhalten (das ist ein riesiger Unterschied!).

Wir können uns jederzeit dazu entscheiden, dass wir dazu *bereit sind*, ein bestimmtes Gefühl da sein zu lassen, ihm also Raum zu geben. Wie immer, sollen Sie mir nichts glauben, probieren Sie es für sich aus! Und denken Sie daran, das Ziel ist nicht, Ihre Gefühle abzuschalten (was eh nicht funktioniert), sondern Ihre Bereitschaft, diese zu erleben, hochzuschalten.

Und dann kann etwas ganz Wertvolles in Ihrem Leben passieren: Anstatt sich auf den Kampf gegen Ihre Gefühle zu konzentrieren, können Sie anfangen, das zu tun, was Sie wirklich wollen, und beginnen, sich auf Ihre Lebens-Werte und Ziele hin zuzubewegen.

Akzeptanzübung 5: Das Tagebuch des Innehaltens

In Ihrem Tagebuch können Sie Situationen festhalten, in denen »schwierige« Gefühle auftauchen, Gefühle, mit denen Sie üblicherweise kämpfen – und zwar am allerbesten unmittelbar in der Situation selbst. Das ist freilich nicht immer möglich, manchmal kann man gerade nichts aufschreiben, und dann ist es auch in Ordnung, wenn Sie es erst am Abend tun. Wann immer Sie aber können, halten Sie unmittelbar in der jeweiligen Situation inne und machen Sie sich ein paar Notizen.

Wenn in unserem Leben unangenehme, unerwünschte Gefühle auftauchen, neigen wir oftmals dazu, in alte Muster zu verfallen und versuchen wegzulaufen oder gegen diese Gefühle anzukämpfen. Jede:r von uns hat hier ihre/seine ganz persönlichen Vermeidungs- und Kontrollstrategien. Es geht hier zunächst einmal nur ums (wertfreie) Beobachten, um das Zur-Kenntnis-Nehmen und noch nicht um Veränderung. Schimpfen oder verurteilen Sie sich also nicht dafür, sondern gehen Sie freundlich mit sich selbst um und freuen Sie sich, dass Sie es bemerkt haben. Wichtig ist, dabei innezuhalten und sich Zeit zu lassen und ein wenig bei dem Gefühl/den Gefühlen zu verweilen. Ohne irgendetwas gegen das Gefühl zu tun, ohne es verändern zu wollen. Nehmen Sie einfach nur wahr, was Sie empfinden. Beobachten Sie das Gefühl. Nehmen Sie auch wahr, welche Gedanken Ihnen durch den Kopf gehen und welche Empfindungen Sie dabei haben. Und nehmen Sie vor allem auch Ihre ersten Handlungsimpulse wahr, also was Sie in der Situation am liebsten tun würden bzw. getan hätten. Das Innehalten und wertfreie Betrachten gibt Ihnen die Möglichkeit zu erfahren, dass Sie nicht unmittelbar auf Ihre Gedanken, Gefühle, Empfindungen und Impulse reagieren »müssen«. Durch den winzigen Augenblick des Innehaltens entsteht die Möglichkeit zu entscheiden, ob und wie Sie reagieren wollen.

Beginnen Sie am besten gleich damit, indem Sie sich die Zeit nehmen, sich ein schönes Tagebuch anzuschaffen, es kann aber auch ein Block, ein Heft oder Ihr Handy sein.

Hier ein Beispiel, wie so ein Tagebuch aussehen kann:

Situation

Abends nach der Arbeit allein zu Hause. Freundin ruft nicht an wie vereinbart

Gefühle

Wut, Trauer, Selbstmitleid, Einsamkeit, Verzweiflung

Gedanken

Ich bin so allein. Alle haben jemanden, nur ich nicht. Alle halten mich für einen Freak. Auch X ruft mich nicht mehr an. Niemand mag mich. Nie ruft mich jemand an. Die Welt ist so gemein. Ich bin ein Loser.

Empfindungen

Verspannung im Nacken. Knoten im Magen. Heißhunger.

Impuls (was hätte ich am liebsten getan)

Mich ins Bett legen, Serienmarathon gucken, Kühlschrank leer essen.

Was passiert beim INNEHALTEN mit meinem Gedanken, Gefühlen, Empfindungen, Impulsen?

- Zuerst komisches Gefühl.
- Wie bleibt man bei den Gefühlen?
- Hab's trotzdem versucht.
- Wut war schnell weg.
- Selbstmitleid war da, Gedanken wie »keiner mag mich«.
- Aber irgendwie auch Erleichterung, komisch.
- Traurig, aber auch irgendwie entspannt.
- Nicht zum Kühlschrank gegangen, stattdessen mir ein schönes Bad gemacht.

Akzeptanzübung 6: Die Ich-kann-nicht-Mauer

Wenn Sie bis hierher geübt haben, dann haben Sie vielleicht Folgendes festgestellt: Manchmal legt uns unser Geist Steine in den Weg, so auch bei der Akzeptanz. Unser Verstand ist nämlich ein Meister im Begründen, warum wir dies oder jenes tun oder eben gerade nicht tun können. Von klein auf werden wir darauf trainiert, unser Verhalten zu begründen und auf die Frage »Warum tust du das?« eine gute Antwort zu haben. Oftmals sind wir selbst von der Richtigkeit dieser Antwort überzeugt. Und manchmal stimmen diese Begründungen ja auch – aber manchmal eben auch nicht. Und hier wird es spannend: Denn natürlich ist unser Verstand schlau und findet auch Begründungen für Bequemlichkeit, Vermeidung und alle möglichen Situationen, in denen es für uns kurzfristig ungemütlich wird. Der Haken an der Sache ist, dass wir diese Begründungen, die unser Verstand generiert, dann als Wahrheit betrachten und uns entsprechend verhalten. Problematisch wird es also immer dann, wenn wir uns von unserem Geist herumschubsen lassen und uns von ihm diktieren lassen, was wir tun oder lassen sollen. Oftmals passiert dies genau dann, wenn wir uns entschieden haben, unseren Werten zu folgen und uns dafür auf eine bestimmte Art und Weise verhalten wollen, uns »anders« verhalten wollen als üblich, anders als unser erster Impuls. Wenn wir uns also entschieden haben, bestimmte, für uns persönlich wichtige und wertvolle Dinge zu tun (oder zu lassen) – wird unser Geist sofort wieder aktiv. Er präsentiert uns dann mit Vorliebe Sätze, die mit »Ich kann nicht« anfangen. Freilich macht er nur seinen Job, denn er will uns ja damit schützen. Wie wir aber gesehen haben, ist dies in den meisten Fällen ein trügerischer Schutz – der uns zwar kurzfristig guttun mag, der uns aber langfristig nicht den Dingen näherbringt, die uns wichtig sind, uns also nicht zu dem Leben hinführt, das wir führen wollen, uns nicht der Person näherbringt, die wir sein wollen.

Dieses »Ich kann nicht« funktioniert dabei wie eine Mauer, hinter der unsere Werte liegen, also das, was uns wichtig ist und auf was wir zugehen wollen.

Dass unser Verstand uns diese Mauer präsentiert, ist wie gesagt ganz normal und menschlich. Wir müssen uns aber davon nicht einschüchtern lassen, denn wir müssen nicht zwingend auf unseren Geist hören, wir müssen ihm nicht alles glauben.

Bei diesem »Ich kann nicht« handelt es sich nämlich in den allermeisten Fällen nicht um einen realen Hinderungsgrund. Meist handelt es sich um Erlebensvermeidung. Was also wirklich dahinter steckt ist: »Ich bin nicht bereit zu fühlen, was ich fühlen würde, wenn ich xyz tatsächlich tun würde.« Wenn wir das ganz ehrlich anschauen, wird klar, dass es hier um die Bereitschaft geht, uns anders als gewöhnlich zu entscheiden – und dann mit den Konsequenzen unserer Entscheidung/Handlung umzugehen. Was hier eben bedeuten kann, dass wir unangenehme Gefühle akzeptieren und da sein lassen. Um das tun zu können, was wir eigentlich möchten, was uns wirklich am Herzen liegt.

Wenn wir das erkennen und ganz ehrlich betrachten, dann können wir in die Ich-kann-nicht-Mauer ein Loch machen, durch das wir hindurchschauen können, und schließlich ein Tor bauen, durch das wir hindurchschreiten können. Wir können dazu unsere Innere-Mauer-Sätze zunächst einmal umformulieren und aus dem »aber« ein »und« machen.

Und nein, das ist kein billiger Trick, es ist auch viel mehr als nur eine Wortklauberei oder eine sprachliche Feinheit. Es öffnet uns eine Tür, beides *gleichzeitig* da sein zu lassen, schwieriges inneres Erleben *und* das Verfolgen der eigenen Werte.

Hier ein Beispiel: Sie möchten gern auf die Geburtstagsfeier einer Freundin gehen. Wenn Sie daran denken, tauchen Ängste auf und die Sorge, dass Sie es nicht schaffen werden. Es tauchen Gedanken auf wie: »Ich würde so gern auf die Feier meiner Freundin gehen, aber ich kann nicht, weil ich solche Angst habe. Ich werde schwitzen und rot werden und ich weiß nicht, was ich reden soll, und alle werden das sehen und mich für blöd halten.« Daraufhin bleiben Sie zu Hause und ärgern sich den ganzen Abend und fühlen sich wert- und nutzlos.

Natürlich hätten Sie auf die Feier gehen können, rein physisch hat Sie ja nichts daran gehindert – nur das, was Ihr Geist Ihnen erzählt und Ihre Angst vor Ihrem inneren Erleben. Wenn Sie aber bereit dazu sind,

Ihr inneres Erleben zu akzeptieren, kann Folgendes dabei herauskommen: Wenn ich bereit bin, die Angst zu spüren und zu akzeptieren, dass mich die anderen für blöd halten könnten, bin ich frei zu entscheiden, ob ich auf die Feier gehen möchte oder nicht.

Ein anderes Beispiel: Eine Klientin hatte versucht, ihre Essanfälle zu reduzieren. In der Therapie sagte sie: »Ich hab's wirklich versucht, aber dann komme ich heim und fühle mich so einsam und muss einfach zum Kühlschrank gehen, ich kann nicht anders.« Als sie dazu bereit war, ihr inneres Erleben zu akzeptieren, lautete ihr Satz und damit ihre Handlungsmöglichkeit so: Wenn ich bereit bin, die Gefühle der Einsamkeit und der Traurigkeit zu spüren und da sein zu lassen, kann ich einfach bei mir sein und brauche nicht zum Kühlschrank zu gehen und mich vollzustopfen.

Probieren Sie es aus: Wenn Ihr Verstand Ihnen Ihre alten Ich-kann-nicht-Sätze präsentiert, können Sie diese Sätze künftig verwandeln:

1. Alter Satz: Ich kann nicht ....
   weil ....
2. Neuer Satz: Wenn ich bereit bin ....
   zu fühlen und zu akzeptieren, bin ich frei zu entscheiden, ob ich
   ....

Und Sie werden schnell merken, dass diese kleine Übung viel mehr ist, als nur eine bloße Umformulierung. Sie eröffnet uns neue Freiheiten in Form von erweiterten Entscheidungs- und Handlungsspielräumen. Unser plappernder Geist kann uns nämlich nicht daran hindern, die Dinge zu tun, die uns wirklich am Herzen liegen, außer wir lassen ihn.

Akzeptanzübung 7: Die Gefühlsformel für den Alltag

(in Anlehnung an Ben Sedley, 2019)

Wenn Sie merken, dass schwierige oder belastende Gefühle auftauchen oder dass Sie gar mit Ihren Gefühlen kämpfen, dann erinnern Sie sich:

1. Gefühle sind flüchtig (d. h., sie verändern sich ständig, sie gehen vorüber – außer ich halte sie durch Dagegenankämpfen fest).

2. Gefühle zeigen, dass ich ein Mensch bin und dass mir etwas am Herzen liegt, dass etwas wichtig für mich ist.
3. Niemand kann mir vorschreiben, wie ich mich fühlen sollen oder darf oder welches Gefühl gerade richtig oder falsch ist – auch nicht mein eigener Geist.
4. Gefühle können mir nicht vorschreiben, wie ich mich verhalten soll. Sicher gehen mit bestimmten Gefühlen manchmal auch bestimmte Handlungs*impulse* einher – ob ich diese jedoch umsetze, entscheide immer noch ich selbst.

Akzeptanzübung 8: Auf die Haltung kommt es an

Dies ist eine Körperübung, daher ist gut, wenn Sie sich einen ruhigen Ort suchen, wo Sie niemand beobachten kann. Wählen Sie ein für Sie schwieriges Gefühl aus, ein Gefühl, mit dem Sie üblicherweise kämpfen. Vielleicht rufen Sie sich die Situation ins Gedächtnis, in der Ihnen dieses Gefühl zuletzt Schwierigkeiten gemacht hat.

Nun nehmen Sie eine Körperhaltung ein, die ausdrückt, wie Ihnen dieses Gefühl zu schaffen macht, wie es Sie hilflos, wütend, traurig, ängstlich macht. Drücken Sie mit Ihrer Körperhaltung aus, wie Sie dagegen ankämpfen, wie Sie damit *nicht* klarkommen, wie Sie sich möglicherweise überwältigt fühlen, drücken Sie Ihren ganzen Widerstand, Ihren ganzen Kampf, Ihr ganzes »nein, nein, nein« gegen dieses Gefühl aus. Nehmen Sie diese Körperhaltung (Es kann auch eine Bewegung sein) wirklich ein und spüren Sie, wie es sich anfühlt. Dann sehen Sie sich selbst von außen in dieser Position und machen Sie sich ein mentales Bild davon.

Nun machen Sie eine kurze Pause. Nehmen Sie eine neutrale, bequeme, entspannte Körperhaltung ein. Atmen Sie ein paarmal sanft in Ihrem eigenen Rhythmus, lassen Sie locker.

Nun nehmen Sie eine Körperhaltung ein, die ausdrückt, wie Sie sich demselben Gefühl öffnen und es da sein lassen, wie Sie es vielleicht sogar willkommen heißen, wie Sie *mit* dem Gefühl *sein* können, nehmen Sie eine »Ja«-Körperhaltung der Bereitschaft ein. Spüren Sie wieder aufmerksam, wie sich das anfühlt, und machen Sie sich ein mentales Bild davon.

Was sind die Unterschiede zwischen beiden Haltungen? Wie fühlen die Haltungen sich jeweils an und wie ist Ihr Kontakt mit der restlichen Welt in beiden Haltungen? Und was bedeutet das für Ihr tägliches Durchs-Leben-Gehen?

Sie können diese Übung auf alle problematischen Gefühle, Gedanken, Bilder und Empfindungen anwenden. Achten Sie auch in Ihrem Alltag darauf, wann Sie sich in einer »Nein«-Position befinden. Achten Sie auf körperliche Hinweise, an denen Sie dies merken können (z. B. veränderte Atmung, angespannte Muskeln). Experimentieren Sie damit, was passiert, wenn Sie dann eine »Ja«-Position einnehmen. Welchen Einfluss hat dies auf Ihr Erleben, auf Ihre Wahrnehmung, auf Ihr Verhalten?

Stolpersteine:

- Akzeptanz ist kein passives Erdulden und auch kein »Augen zu und durch«, vielmehr ein »Augen auf und hinein«. Es geht darum, sich zu entscheiden, das eigene innere Erleben aufmerksam und neugierig zu betrachten, nicht es wegzuschieben oder irgendwie widerwillig zu ertragen.
- »Es funktioniert nicht.« Gerade wenn man anfängt, die Superkraft Akzeptanz (wieder) zu kultivieren, passiert oftmals Folgendes: Es gibt Zeiten, in denen »klappt« das mit der Akzeptanz gut, und dann wieder Zeiten, in denen man den Kampf, wogegen auch immer, wieder aufnimmt. Man pendelt also zwischen »Ja, es ist so, wie es ist« und »Nein, ich will das nicht haben, es soll weggehen«. Erlauben Sie sich dieses Hin- und Herpendeln, denn es ist ganz normal. Und schließlich können Sie Ihre Superkraft Akzeptanz auch hierauf anwenden, indem Sie eben dieses Hin- und Herpendeln akzeptieren, ihm Raum geben und sich nicht dafür verurteilen. Sie können sogar als kleine Übung ganz bewusst zwischen diesen beiden Zuständen pendeln.
- »Mir ist das ja verstandesmäßig klar, aaaaber ich fühle es nicht.« Ja, auch das ist vollkommen normal. Und Sie »müssen« auch gar nichts

Bestimmtes fühlen. Bleiben Sie einfach offen und schalten Sie Ihren Bereitschaftsregler so oft wie möglich hoch.

- Akzeptanz ist keine Kontrollstrategie! Gedanken wie »Wenn ich es nur lange genug aushalte, dann geht X weg« sind Kontrollstrategien und damit Pseudoakzeptanz. Echte Akzeptanz bedeutet, alle Gefühle da sein zu lassen, angenehme wie schmerzliche, und sich auf das Fühlen und Erleben einzulassen und eben nicht eine weitere Strategie einzusetzen und zu warten, bis »es« hoffentlich weggeht.
- Mogeln gilt nicht: Man kann nicht nur »ein bisschen« Akzeptanz üben, nach dem Motto: »Ich bin bereit, die Angst auszuhalten, solange sie nicht zu stark wird.« Dies ist keine echte Akzeptanz. Sie ist an Bedingungen geknüpft und kann nicht funktionieren, denn sobald die Angst auftaucht, werden Sie damit beschäftigt sein, die Schwelle zu kontrollieren, damit die Angst ja nicht zu stark wird – also schon wieder eine Kontrollstrategie.
- Akzeptanz nur um der Akzeptanz willen ist sinnlos und wird auch nicht nachhaltig funktionieren. Es ist wichtig, dass die Akzeptanz an Ihre Werte gekoppelt ist (s. Superkraft »Wertekompetenz«, Kap. 3.6), also an das, was Ihnen am Herzen liegt; dass wir also wissen, welchem Ziel die Akzeptanz dient. Wofür will ich was akzeptieren? Zum Beispiel: Ich will meine Angst/Nervosität/Schüchternheit akzeptieren und mit dieser Angst auf das Fest gehen und mich mit den Menschen unterhalten, weil es mir wichtig ist, mit meinen Freunden zusammenzusein.
- Oftmals steht der Akzeptanz ein sogenannter Sekundärgewinn im Wege. Das bedeutet, Sie haben irgendeinen Vorteil davon, Ihr inneres Erleben nicht zu akzeptieren. Vielleicht bekommen Sie von Ihrem Umfeld mehr Aufmerksamkeit, vielleicht müssen Sie sich dann nicht so anstrengen, vielleicht haben Sie dann ein Alibi, um nichts tun zu müssen usw. Tja, nicht leicht, das aufzugeben. Hier ist es wichtig, sich selbst gegenüber ganz ehrlich zu sein. Und dann eine *Entscheidung* zu treffen, die Ihnen *langfristig* guttut und Sie *langfristig* in die Richtung führt, die Ihnen am Herzen liegt.

3.5 Superkraft 4: Das Beobachter-Selbst – sich selbst zuschauen können

Sei du selbst! Alle anderen Rollen sind bereits vergeben.
(Oscar Wilde)

Beim Weiterlesen:
Schauen Sie, ob Sie sich ab jetzt beim Lesen selbst wahrnehmen können. Können Sie sich dabei beobachten, wie Sie gerade sitzen oder liegen, das Buch halten und Zeile für Zeile lesen? Können Sie sich dabei wahrnehmen, Ihren Körper, Ihre Gedanken und Gefühle und gleichzeitig den Inhalt des Buches wahrnehmen? Können Sie sich bei der Aktion des Lesens selbst beobachten?
Tun Sie das jetzt.

WAHRNEHMUNGSPAUSE

Voilà, das ist das Beobachter-Selbst. Gratuliere, Sie haben gerade Ihre Superkraft des Beobachter-Selbst eingesetzt.

Kurz erklärt: Diese Superkraft lässt uns erfahren, dass es einen Teil von uns gibt, der sowohl unser inneres Erleben als auch die äußere Umwelt wahrnehmen kann. Dieser Teil, das Beobachter-Selbst, ist immer da, es ist unsere stabile Basis des Wahrnehmens und Erlebens. Diese Superkraft erlaubt uns, mit allen Ebenen unseres Selbst in Kontakt zu kommen, und zwar von dieser sicheren Basis aus. So können wir unseren Handlungsspielraum erweitern, also das, *was* wir uns erlauben zu tun oder nicht zu tun – und letztlich, *wer* wir uns erlauben zu sein.

Länger erklärt: Leider sind die Begrifflichkeiten bei dieser Superkraft etwas sperrig. In den amerikanischen Originaltexten wird von Selbst als Konzept und Selbst als Kontext gesprochen, nur damit Sie diese Begriffe einmal gehört haben. Ich spreche lieber vom Beobachter-Selbst. Was heißt das nun genau? Man kann es sich so verstellen: Es gibt ein denkendes Selbst, welches den ganzen Tag Gedanken, Überzeugungen, Bilder, Pläne, Urteile, Bewertungen usw. produziert. Und dann gibt es da noch ein beobachtendes Selbst: eine Instanz, die all diese Vorgänge in uns wahrnehmen kann, von der aus wir uns sozusagen selbst beim Wahrnehmen, Denken und Fühlen zuschauen können. Ein Standpunkt also, von dem aus wir unser Erleben beobachten können, ohne uns darin zu verfangen.

Obwohl wir die Welt zu verschiedenen Zeitpunkten in unserem Leben, in verschiedenen Situationen, aus unterschiedlichen Perspektiven und mit unterschiedlichen Gedanken und Gefühlen erfahren, gibt es ein Selbst, das immer da und präsent ist. Das gleiche Selbst, das da war, als Sie auf die Welt gekommen sind, als Sie noch ein kleines Kind waren und Ihre ersten Schritte gemacht haben, an Ihrem ersten Schultag; das da ist, wenn Sie mit Ihren Freunden Kaffee trinken, wenn Sie zur Arbeit gehen, Ihr Handy checken, einkaufen gehen, kochen, mit den Kindern spielen, glücklich sind, wütend sind, krank sind, gesund sind usw. Es ist immer das gleiche Beobachter-Selbst, das während all dieser unterschiedlichen Erfahrungen auf diese Erfahrungen schaut. Es ist die Kontinuität zwischen Ihnen damals und Ihnen jetzt. Sie sind Sie, Ihr ganzes Leben lang, auch wenn sich vieles in Ihnen und um Sie verändert. Das Beobachter-Selbst ist sozusagen die Basis unseres Selbst-Bewusstseins.

So weit so gut, doch was bedeutet das denn nun? Wir alle haben ja ein Konzept von unserem Selbst, davon, wer und wie wir sind, wir haben ein bestimmtes Bild von uns selbst, und das ist auch gut so. Manchmal aber kann unser Selbstkonzept zum Problem werden. Dann engen wir uns mit diesem Selbstbild ein und es kann wie ein Gefängnis wirken. Beispiele dafür sind abwertende Selbstbilder wie: »Ich bin dumm, ich bin hässlich, ich bin wertlos, ich bin schüchtern, ich bin beziehungsunfähig, ich bin ein Loser, ich bin ein Pechvogel, ich bin kaputt, ich bin schwierig« etc. Solche Selbstbilder können auch »Rollen« beinhalten, die man dann spielen »muss«, wie: »Ich bin halt ein schlechter Vater/eine schlechte Mutter, eine depressive Person, ein:e unzuverlässige:r Freund:in, ein Angsthase«. Aber nicht nur negative

Selbstbilder sind problematisch, vermeintlich positive können es genauso sein. Nehmen wir die Selbstbilder: »Ich bin eine gute Mutter/Vater«, oder »Ich bin überlegen«. Wenn ich mit diesen Selbstbildern verschmolzen bin, dann muss ich ihnen immer und in jeder Situation entsprechen, denn sonst bin ich ja nichts mehr. Ich muss also immer und in jeder Situation eine absolut gute Mutter/Vater sein bzw. muss immer überlegen sein und dies auch demonstrieren. Denn sobald ich auch nur im Geringsten abweiche, also vielleicht einmal ungeduldig bin, mit meinen Kindern laut werde, zu wenig Zeit für sie habe bzw. einmal nicht die Schlaueste, Schnellste oder Beste bin, entspreche ich nicht mehr diesem Selbstbild und fühle mich wertlos, schuldig, mache mir Selbstvorwürfe, schimpfe mit mir.

Was passiert hier? In dem Maße, wie wir uns mit bestimmten Überzeugungen identifizieren oder durch Rollen definieren, in dem Maße, wie wir unser Selbstbild »sind«, engen wir unser Erlebens- und Verhaltensrepertoire ein – denn wir »müssen« ja immer genau soundso sein und »dürfen« gar nie anders sein.

Wichtig zu verstehen ist hier, dass es keineswegs darum geht, ein vermeintlich negatives Selbstkonzept durch ein vermeintlich positiveres zu ersetzen. Dies funktioniert in der Regel nicht und schafft nur neue Einengungen. Das Ziel ist vielmehr, eine gewisse Distanz zum eigenen Selbstkonzept aufzubauen, um nicht mehr so stark damit verschmolzen zu sein. Es geht darum, alle Facetten und Ebenen unseres Selbst einzubeziehen und anzunehmen und somit beweglicher in unserem Denken und Handeln zu werden, flexibler in dem, wie wir uns erlauben zu sein.

Ich weiß, das Ganze kann ein wenig verwirrend wirken. Im Prinzip ist es aber nicht mehr als das: Sie lesen gerade diese Zeilen. Können Sie dies wahrnehmen und sich selbst dabei zuschauen, wie Sie diese Zeilen lesen? Können Sie wahrnehmen, was Ihnen dabei durch den Kopf geht, welche Gefühle und körperlichen Empfindungen dabei auftauchen? Und können Sie sich dabei wahrnehmen, wie Sie dies alles gerade wahrnehmen? Das ist das Beobachter-Selbst.

Was das Beobachter-Selbst nicht ist: Kein Ersetzen eines »negativen« Selbstkonzeptes durch ein vermeintlich »positiveres«. Es geht hier auch nicht um eine wie auch immer geartete »Selbstwertsteigerung« – eher um ein komfortables »Mit-sich-Sein«, von einem sicheren und stabilen Standort aus.

Wozu diese Superkraft dient: Die Superkraft des Beobachter-Selbst hat zwei Ebenen: einerseits die Fähigkeit, flexible Perspektiven des Selbst einzunehmen, andererseits einen sicheren Boden zu schaffen durch das Wahrnehmen eines kontinuierlichen Selbst. Also was jetzt – flexibel oder kontinuierlich? Da haben wir es schon, auf den ersten Blick ein kompliziert anmutendes Konzept. Doch es ist nur auf den ersten Blick ein Widerspruch, ich versuche es im Folgenden deutlicher zu machen:

Es geht darum, (1) die Fähigkeit zu entwickeln, uns selbst als Beobachter:in unseres eigenen inneren Erlebens und unserer Selbstkonzepte und Rollen zu erfahren. Dadurch können wir erlernte, festgefahrene, starre und einschränkende Selbstkonzepte zu überwinden, und sind weniger gefangen in alten Mustern und Selbstzuschreibungen und daraus erwächst mehr Handlungsfreiheit. Und (2) als weiteren »Bonus« erleben wir durch das Kultivieren des Beobachter-Selbst einen sicheren und stabilen »Ort« in uns, von dem aus schwieriges inneres Erleben nicht mehr als bedrohlich erlebt wird. Wir merken und erleben, dass wir zwar jede Menge Gefühle, Gedanken, Überzeugungen, Erinnerungen, Selbstzuschreibungen und Rollen *haben* (schmerzliche, neutrale und angenehme), dass wir aber all dies nicht *sind* (sondern sehr viel mehr!). Dadurch können wir sozusagen einen Schritt zurücktreten und sind nicht mehr so verstrickt in unser inneres Erleben, nicht mehr so darauf angewiesen, irgendwie oder irgendwer sein zu müssen, und damit nicht mehr so von unseren Gefühlen und Gedanken getrieben.

Wie geht's in a nutshell: Wir kultivieren mit dieser Superkraft unsere Fähigkeit, eine Beobachterperspektive einzunehmen: Sie können es sich ein bisschen vorstellen wie in einem Kinosaal oder im Theater. Auf der Bühne tummeln sich all Ihre Gedanken, Gefühle, Erinnerungen,

Selbstzuschreibungen, Rollen etc., Ihr ganzes inneres Erleben eben. Und Sie sitzen ganz bequem zurückgelehnt im Sessel und können das ganze Treiben auf der Bühne beobachten. Sie nehmen alles wahr, was passiert, und können hineinzoomen, um bestimmte Details ganz genau wahrzunehmen, und auch wieder herauszoomen, um das ganze Treiben auf der Bühne im Überblick wahrzunehmen.

Dieses beobachtende Selbst ist konstant und immer bei Ihnen. Es ist ein Teil von Ihnen, ein »Ort« der Sicherheit in Ihnen – Ihr ruhender Pol im größten Tumult. Auch wenn es oft versteckt zu sein scheint, so ist es doch immer da.

Wie kann ich meine Superkraft kultivieren (Übungen):

1. Der/die innere Beobachter:in (auch als Audio)
2. Beobachter-Selbst: Kurzversion für den Alltag
3. Der Theatersaal
4. Mein Selbstbild
5. Perspektivwechsel in sechs Schritten (in Anlehnung an Hayes, 2020)
6. Meine Lebensrollen
7. Meine Gefängnissätze
8. Mein Leben als Schachbrett – ein Gedankenexperiment

Beobachter-Selbst-Übung 1: Der/die innere Beobachter:in[14]

Dies ist eine klassische Übung zum Beobachter-Selbst.
Ein kleiner Hinweis vorab: Teil dieser Übung ist, sich an vergangene Situationen zu erinnern. Hier empfiehlt es sich, neutrale oder angenehme Situationen auszuwählen, keinesfalls unangenehme oder gar traumatische Situationen. Wenn es Ihnen während der Übung nicht gut geht oder Sie sich belastet fühlen, können Sie die Übung selbstverständlich jederzeit beenden. Und los geht's:

14 Diese Übung gibt's auch als Audio unter www.verhaltenstherapie-muenchen.de

Finden Sie eine bequeme Körperhaltung und nehmen Sie einige entspannte Atemzüge ganz in Ihrem eigenen Rhythmus ... Sie können bei dieser Übung nichts falsch machen, was immer Ihnen in den Sinn kommt, ist in Ordnung so ... Richten Sie Ihre Aufmerksamkeit zunächst auf den Raum, der Sie umgibt ... und sehen Sie sich selbst, wie Sie in diesem Raum sitzen ...
Wenden Sie nun Ihre Aufmerksamkeit hin zu Ihrem Körper und nehmen Sie wahr, wie Sie da sitzen ... nehmen Sie wahr, wo Ihr Körper den Stuhl berührt ... nehmen Sie wahr, ob irgendwo Anspannungen sind in Ihrem Körper ... nehmen Sie alle Körperempfindungen wahr, die gerade da sind ... Nun richten Sie Ihre Aufmerksamkeit auf die Gedanken, die Ihnen gerade durch den Kopf gehen ... Beobachten Sie sie einfach einen Moment lang ... Dann richten Sie Ihre Aufmerksamkeit auf alle Gefühle, die da sind ... nehmen Sie sie wahr, beobachten Sie sie ganz wertfrei ... Sie brauchen gar nichts weiter zu tun, nur zu beobachten ... und dann nehmen Sie wahr, dass es diese Instanz, diesen Teil in Ihnen gibt, der das gerade alles beobachtet ..., der die Empfindungen, die Gedanken, die Gefühle wahrnehmen kann ... Diesen Teil nennen wir nun das Beobachter-Selbst ... Dieses Beobachter-Selbst kann gerade diesen Worten Aufmerksamkeit schenken und sich selbst dabei beobachten, wie es diese Worte aufnimmt ...
Richten Sie nun Ihre Aufmerksamkeit auf eine Situation, die Sie gestern erlebt haben ... es ist völlig gleichgültig, was für eine Situation das war ... Jede Situation, die Ihnen in den Sinn kommt, ist in Ordnung ... vielleicht wie Sie gestern beim Frühstück saßen, vielleicht wie Sie zur Arbeit gefahren sind, vielleicht was Sie zu Abend gegessen haben ... Suchen Sie sich eine Situation von gestern aus ... und lassen Sie diese Situation vor Ihrem geistigen Auge entstehen ... Schauen Sie sich geistig in dieser Situation um... wo befinden Sie sich? ... Sind Sie allein oder sind andere Menschen zugegen? .... Was passiert um Sie herum? Was gibt es zu sehen, zu hören, zu fühlen, zu riechen? Wie ist die Atmosphäre? ... Was denken Sie? ... Welche Gefühle haben Sie? ... Und während Sie sich daran erinnern, nehmen Sie wahr, dass ein Teil von Ihnen gestern in dieser Situation dies alles wahrgenommen hat ... Sie waren gestern in dieser Situation und jetzt sind Sie hier .... und dasselbe Selbst, das sich jetzt all dessen bewusst ist, was Sie gestern wahrgenommen haben, ist jetzt hier ... und war gestern dort ...

Richten Sie nun Ihre Aufmerksamkeit auf etwas, was Sie im letzten Jahr im Sommer erlebt haben ... vielleicht im Urlaub ... vielleicht auf einer Feier ... vielleicht aber auch ein schönes Erlebnis in der Natur ... jede Situation, an die Sie sich erinnern, ist in Ordnung ... Lassen Sie die Situation vor Ihrem geistigen Auge entstehen ... Was können Sie sehen, hören, riechen, fühlen, schmecken? ... Lassen Sie sich Zeit ... Welche Gedanken sind Ihnen durch den Kopf gegangen ... welche Gefühle waren da? ... Und wenn alles für Sie ganz klar da ist, dann nehmen Sie sich einen Moment Zeit und registrieren Sie, dass es ein Teil Ihres Selbst war, der dies alles damals wahrgenommen hat ... Sie waren damals dabei und sind heute hier ... schauen Sie für sich, ob es da eine Kontinuität gibt, zwischen dem Selbst, das sich heute jetzt gerade dessen bewusst ist, dies alles wahrgenommen zu haben, und dem Selbst, das sich damals dessen bewusst war, dies alles wahrzunehmen ...

... und wenn Sie nun etwas verwirrt sind, so ist dies auch in Ordnung ... nehmen Sie einfach wahr, dass Ihr Selbst diese Verwirrung wahrnehmen kann, jetzt gerade ...

... und nun richten Sie Ihre Aufmerksamkeit auf etwas, was noch viel weiter in der Vergangenheit zurück liegt, auf ein schönes angenehmes Erlebnis, als Sie ungefähr sechs oder sieben Jahre alt waren ... Gut, schauen Sie wieder mit Ihrem geistigen Auge um sich herum ... und nehmen Sie alles wahr, was damals war ... Sehen Sie den Ort, an dem Sie sich befinden, vor Ihrem geistigen Auge ... alle Personen, die da waren ..., was passiert ist ... Erinnern Sie sich an alles, was Sie sehen konnten, was Sie hören konnten, riechen, fühlen und schmecken ... an die Gedanken, die Sie hatten .... die Gefühle ... Und seien Sie sich wieder dessen bewusst, dass ein Teil in Ihnen dies alles wahrgenommen hat ... Dieses Beobachter-Selbst war damals dort und heute, jetzt gerade ist es hier ... Schauen Sie, dass dieser Teil, dieser innere Beobachter derselbe ist wie damals ... dieser Teil in Ihnen, der sich damals dessen bewusst war, was Sie wahrgenommen haben, und der sich heute dessen bewusst ist, was Sie damals wahrgenommen haben und was Sie heute gerade jetzt wahrnehmen ...

Ihr ganzes Leben lang waren und sind Sie Sie ..., egal wo auch immer Sie waren, mit wem auch immer, in welchen Situationen, Sie haben das immer wahrgenommen und konnten sich auch dessen bewusst sein, dass Sie wahrnehmen ... Das ist das Beobachter-Selbst ...

Betrachten Sie einen Moment lang vor Ihrem geistigen Auge Ihren Körper ... Ihr Körper wandelt sich ständig ... mal ist er gesund, mal ist er krank, mal ist er stark, mal ist er schwach ... Einst waren Sie ein kleines Baby, jetzt sind Sie ein erwachsener Mensch ... Alle Zellen in Ihrem Körper erneuern sich ständig, die meisten Zellen sind nur einige Jahre alt ... und doch ist es der gleiche Körper und Sie können ihn bewusst wahrnehmen ...

Richten Sie nun Ihre Aufmerksamkeit auf Ihre Gedanken, auf alles, was Ihnen gerade durch den Kopf geht ... Halten Sie an keinem Gedanken fest, lassen Sie die Gedanken einfach vorüberziehen und betrachten Sie sie dabei, wie in einem Film ... Nehmen Sie wahr, dass sich die Gedanken ständig verändern, es ist ein kontinuierlicher Gedankenstrom ... Früher als Sie noch ein Kind waren, als Sie noch zur Schule gegangen sind, hatten Sie vielleicht andere Gedanken als jetzt ... und seit Sie diese Zeilen lesen, hatten Sie auch bereits alle möglichen unterschiedlichen Gedanken ... und auch jetzt gerade ziehen alle möglichen Gedanken durch Ihren Kopf ... und da ist der Beobachter in Ihnen, der diese Gedanken alle wahrnehmen kann ... Sie können sich beim Denken zuschauen ... Das bedeutet, dass Sie nicht Ihre Gedanken sind, sondern dass Sie diese Gedanken haben und sie wahrnehmen können ... und Sie sind sich jetzt in diesem Moment bewusst, welche Gedanken Ihnen durch den Kopf gehen und Sie können Sie beobachten und sich gleichzeitig dessen bewusst sein, dass Sie Ihre Gedanken wahrnehmen können ...

Ihr Leben enthält also ganz viele Dinge, Situationen, Gedanken, Emotionen, Bilder, Empfindungen, Erinnerungen und so weiter ... und es gibt einen Teil in Ihnen, der dies alles Ihr ganzes Leben hindurch immer wahrnehmen kann ... all diese Dinge, die der Inhalt Ihres Lebens sind ..., während Sie sich auf der Bühne Ihres Lebens befinden ... in dem Raum, in dem sich alle diese Inhalte befinden ... Alle diese Dinge sind darin enthalten, aber Sie sind Sie ... egal, was passiert, es gibt immer diesen Teil in Ihnen, dieses Beobachter-Selbst, das unverändert all das Treiben wahrnimmt ... Schauen Sie all Ihre Erfahrungen Ihres Leben bis hierher an ... Seine Sie sich dessen bewusst, dass da immer dieses Beobachter-Selbst da war und wahrgenommen hat, was passiert, ... und seien Sie sich dessen bewusst, dass Sie sich gerade dessen bewusst sind ... Während Sie also die Welt in all diesen Situationen aus verschiedenen Perspektiven und mit unterschiedlichen Gedanken und Gefühlen erfahren, gibt es einen Teil in Ihnen, der dies alles wahrnehmen und beobachten kann, ein konstantes Selbst oder ein Ich, das immer da und präsent ist. Das gleiche Selbst, das schon da war, als Sie geboren wurden, als Sie ein kleines Kind waren und Ihre ersten Schritte gemacht haben, als sie ihren ersten Kuss bekommen haben, als Sie Ihre erste Arbeitsstelle angetreten haben, als Sie Ihren letzten Geburtstag gefeiert haben, als Sie gestern zu Abend gegessen haben, als Sie angefangen haben, dieses Buch zu lesen ... Es immer das gleiche Beobachter-Selbst, das während all dieser unterschiedlichen Erfahrungen auf diese Erfahrungen schaut. Es gibt eine Kontinuität zwischen dem Selbst damals und dort und dem Selbst jetzt und hier ...

... Jetzt halten Sie einen Moment inne und fragen Sie sich, wer das eigentlich ist, der immer da ist in Ihnen und alles beobachtet, egal in welcher Situation und in welchem Lebensabschnitt Sie sich befinden... Es ist ein Teil von Ihnen, der immer bei Ihnen ist, egal, wie alt Sie sind, wo Sie sich befinden, was gerade in Ihrem Leben passiert ...

... Nehmen Sie sich nun zum Abschluss noch ein paar Atemzüge Zeit und schauen Sie einfach in sich hinein ... Was geht in Ihnen vor? ... Was können Sie gerade wahrnehmen? ... Beobachten Sie einfach alles, was gerade da ist ... und seien Sie sich dabei ganz deutlich dessen bewusst, dass Sie gerade wahrnehmen können, wie Sie wahrnehmen, und sich auch dessen wiederum bewusst sind ...

Wer ist es, der da schaut? ... Ist es nur der Verstand? Wer ist es, der sich Ihres Verstandes bewusst ist? Wer ist dieses Selbst, das alles wahrnimmt? Dieses Beobachter-Selbst ist konstant und immer bei Ihnen ... Es ist wie ein ruhender Pol in all dem dauernden Wechsel ... Auch wenn er manchmal versteckt zu sein scheint, so ist er doch immer da.

Und wenn Sie nun gleich die Übung beenden, dann machen Sie sich bewusst, dass es nicht nur Ihre Gedanken, Empfindungen, Gefühle, Erinnerungen gibt, sondern dass »dahinter« noch das Beobachter-Selbst ist, welches das Ganze innere Treiben ständig beobachtet.

Nun beenden Sie die Übung .... und kommen Sie ganz in Ihrem eigenen Tempo wieder zurück ... Nehmen Sie einige entspannte Atemzüge, strecken Sie sich. Willkommen zurück ...

Ich hoffe, mit dieser kleinen Übung ist das »mysteriöse« Beobachter-Selbst für Sie lebendig und erfahrbar geworden. Nehmen Sie sich ein paar Minuten Zeit, um die Übung nachwirken zu lassen und um ein paar Fragen für sich zu beantworten.

- Was haben Sie in der Übung erlebt? Was geht gerade in Ihnen vor? Nehmen Sie dies alles nur wahr und … machen Sie *nichts* damit.
- Wer ist es, der da beobachtet? Wer ist es, der Ihr Denken wahrnimmt und sich selbst beim Denken zuschauen kann? Wer oder was ist dieses Selbst, das alles wahrnimmt? Wer ist es, der immer bei Ihnen ist und alles beobachtet, sich allem bewusst ist, egal, wo Sie sich befinden und wie es Ihnen geht? Wer ist diese Kontinuität?

Beobachter-Selbst-Übung 2: Kurzversion für den Alltag

Nehmen Sie Ihren Atem wahr …
Und nehmen Sie dabei wahr, dass Sie Ihren Atem wahrnehmen …
Nehmen Sie wahr, was Sie gerade denken …
Und nehmen Sie wahr, dass Sie es wahrnehmen …
Beobachten Sie Ihre Gefühle …
Und beobachten Sie sich dabei, wie Sie Ihre Gefühle beobachten …
Richten Sie Ihre Aufmerksamkeit auf Ihre Füße …
Und beobachten Sie sich dabei, wie Sie dies gerade tun …
Nehmen Sie sich dabei wahr, wie Sie gerade diese Übung machen …
Nehmen Sie wahr, dass es diesen konstanten Teil in Ihnen gibt, der alles beobachten und wahrnehmen kann …

Beobachter-Selbst-Übung 3: Der Theatersaal

Diese Übung können Sie jederzeit einsetzen, sie eignet sich auch gut, um Abstand zu gewinnen, wenn es in Ihrem Inneren gerade wild zugeht.

Stellen Sie sich einen großen Theatersaal vor … Sie sitzen ganz entspannt im Publikum und schauen auf die Bühne … Und dort auf der Bühne ist all Ihr inneres Erleben: all Ihre Gedanken und Gefühle, Ihre Empfindungen und auch alles, was Sie wahrnehmen, sehen, hören, riechen und fühlen können … Und da ist dieser Teil in Ihnen, das Beobachter-Selbst, das ganz bequem im Theatersessel sitzt sich das Schauspiel auf der Bühne anschauen kann … Und Ihr Beobachter-Selbst kann all dies auf einmal wahrnehmen, das ganze Treiben auf der Bühne, … oder es kann auf ein Detail hineinzoomen, sich auf einen Aspekt konzentrieren … oder wieder das ganze gesamte Bild wahrnehmen … mal geht es wild zu auf der Bühne und alle schreien durcheinander … mal ist es ganz ruhig und vielleicht sogar ein wenig langweilig … Was auch immer auf der Bühne los ist, Sie können ganz entspannt im Zuschauerraum sitzen und das ganze Spektakel betrachten … und Sie können sich selbst ganz bewusst dabei wahrnehmen, wie Sie dieses Treiben auf der Bühne beobachten …

Beobachter-Selbst-Übung 4: Mein Selbstbild

Wir wollen unsere Selbstkonzepte weiter erforschen: Vervollständigen Sie die folgenden Sätze für sich. Überlegen Sie dabei nicht lange und versuchen Sie nicht, zu viel zu analysieren. Die Antwort muss nicht perfekt und für alle Ewigkeit in Stein gemeißelt sein. Antworten Sie intuitiv und aus dem Bauch heraus.

Ich bin jemand, der ....

*Ich bin keine*r, die/der* ....

Am meisten an mir mag ich ....

Am wenigsten an mir mag ich ....

Was ich richtig gut kann, ist ....

Was ich gar nicht kann, ist ....

Ich war schon immer ....

Andere Leute kritisieren häufig an mir ....

Typisch für mich ist ....

Meine Freunde schätzen an mir ....

Nehmen Sie sich jetzt Zeit für die folgenden Überlegungen:
Solche Sätze der Selbstbeschreibung sind wie Etiketten, die wir uns aufkleben. Wir erzählen uns damit immer wieder dieselbe Geschichte über uns. Das kann wie ein Gefängnis sein, wenn dies die einzige Realität für uns ist. Und selbst positive Sätze können einschränkend wirken, wenn wir uns von diesen Sätzen vorschreiben lassen, was wir zu tun und zu lassen haben.
Wenn Sie sich jetzt Ihre Selbstaussagen anschauen, gibt es welche, die Sie schon einmal oder öfters daran gehindert haben, Dinge zu tun, die Ihnen eigentlich wertvoll und wichtig sind? Oder die Sie dazu »zwingen«, Dinge zu tun, die Sie eigentlich gar nicht tun wollen? Sich auf eine Art und Weise zu verhalten, die gar nicht förderlich für Sie ist?

Gibt es welche, die vielleicht früher einmal aktuell waren, jetzt aber nicht mehr? Treffen die Aussagen für alle Situationen zu, oder sind es auch verschiedenen Rollen, die Sie in unterschiedlichen Situationen und mit verschiedenen Personen einnehmen?

Was wir hier tun wollen, ist, unseren Etiketten auf die Spur zu kommen, uns unsere »Gefängnisse« zunächst einmal anzuschauen, um dann Stück für Stück auszubrechen – also seinen Sie schonungslos ehrlich zu sich selbst.

Beobachter-Selbst-Übung 5: Perspektivwechsel in sechs Schritten
(in Anlehnung an Hayes, 2020)

Jetzt wollen wir noch ein Stückchen tiefer in unsere Selbstkonzepte eintauchen:

1. Vervollständigen Sie die folgenden drei Ich-bin-Sätze. Nehmen Sie für die ersten beiden Sätze zwei Eigenschaften, die Sie an sich mögen, die Sie bei sich als positiv erachten, und für den letzten Satz eine Eigenschaft, die Sie nicht so sehr an sich mögen. Wichtig ist, dass alle drei »wichtige« Eigenschaften von Ihnen sind, also Qualitäten, die zu Ihnen gehören, über die Sie sich definieren.
Ich bin ....
Ich bin ....
Ich bin ....

2. Nun stellen Sie sich folgende Fragen:
Ist das immer wahr? Bin ich *immer* so?
In jeder Situation?
Überall?
Egal, wer dabei ist?
Ohne Ausnahme?
Wirklich? Wenn Sie also jemand rund um die Uhr beobachten könnte, würde sie/er das bestätigen können?

3. Nun machen wir einen kleinen Vergleich:
Schauen Sie sich die ersten beiden Ihrer Ich-bin-Sätze an und vergleichen Sie sich mit anderen Personen aus Ihrem Umfeld – etwas, das wir ja alle ständig tun. Sind Sie xyz-er als diese? Und was würde xyz für Sie bedeuten, wenn Sie sich nicht mit anderen vergleichen könnten? Wenn Sie zum Beispiel »klug« geschrieben haben, dann sind Sie vermutlich im Vergleich zu Einstein nicht ganz so klug, im Vergleich zu Ihrem Freund Max aber vielleicht schon.
Und was, wenn Ihre Eigenschaft unsichtbar wäre, wenn überhaupt kein anderer Ihre Eigenschaft xyz wahrnehmen könnte?
Was ist Ihr Selbstkonzept ohne den Vergleich mit anderen?
Was bedeuten Ihre Eigenschaften ohne diesen Vergleich?

4. ... oder auch nicht ...
Streichen Sie nun jeweils den Punkt am Ende Ihrer Ich-bin-Sätze, machen Sie einen Gedankenstrich und schreiben Sie dahinter »oder auch nicht«. Lesen Sie dann jeden Satz noch einmal langsam für sich (am besten laut) und schauen Sie, was passiert. Was verändert sich? Welche Gedanken und Gefühle tauchen dabei auf?

5. Was bleibt übrig?
Streichen Sie nun im ersten Satz die Eigenschaft, die Sie nach »Ich bin« geschrieben haben, durch.
Wer wären Sie ohne diese Eigenschaft?
Nehmen Sie sich Zeit, um dem ein wenig nachzuspüren ...
Machen Sie dann dasselbe mit den anderen beiden Sätzen.
Stellen Sie sich folgende Fragen:
Wer bin ich ohne diese »Inhalte«?
Wer bin ich ohne die Geschichten, die ich mir über mich erzähle?
Wer bin ich ohne diese »Schutzschilde«?
Und was muss ich damit beschützen?
Wäre ich ohne diese Eigenschaften noch Ich selbst?
Ego-basierte Geschichten, die wir uns über unser Selbst erzählen, weisen viele »Fehler« auf: Verzerrungen, Generalisierungen usw. Wir konzentrieren uns auf bestimmte Aspekte, je nach Kontext. In der Arbeit sind wir soundso, als Familienmensch sind wir soundso ... und *dürfen* wir auch nur soundso sein, bzw. *müssen* wir immer so sein (?). Wie sehr schränken wir uns damit ein?

6. Ich *bin*
Zeichnen Sie nun in Ihren Sätzen einen Kreis um die Worte »Ich bin«.
Was, wenn die komplette Bedeutung in diesen beiden Worten liegt ....
»Ich *bin*«?
In dem Maße, wie wir uns Geschichten über uns selbst erzählen, verlieren wir vielleicht das Eigentliche aus dem Auge: einfach *sein*?
Nehmen Sie sich ein wenig Zeit, um darüber nachzudenken.

Was haben Sie bei dieser Übung erlebt? Welche Aha-Momente gab es? Was bedeuten diese »Geschichten«, die Sie sich über sich selbst erzählen? Für Ihre Selbstbewertungen, für Ihre Urteile über sich selbst? Was beinhalten sie an möglichen Einschränkungen, für Ihr Verhalten, für Ihre Beziehungen zu anderen, für die Rollen, die Sie in Ihrem Leben spielen – also für Ihr Selbstbild und Ihr Sosein in der Welt?

Beobachter-Selbst-Übung 6: Meine Lebensrollen

In unserem Leben nehmen wir alle die unterschiedlichsten Rollen ein. Wir sind Mütter, Väter, Söhne, Töchter, Freunde, Geschwister, Kund:innen, Angestellte, Vorgesetzte, Kolleg:innen, Sportler:innen, Musiker:innen, Künstler:innen und so weiter. Das Beobachter-Selbst hilft Ihnen dabei, sich in diesen verschiedenen Rollen selbst zuzuschauen, zu beobachten: Was bin ich in der jeweiligen Rolle für ein Mensch? Am besten geht das, indem Sie sich jeweils eine Rolle in Ihrem Leben heraussuchen, in der Sie sich dann ein oder mehrere Tage lang achtsam beobachten.

Aspekte, auf die Sie dabei achten können, sind:

- Was für ein Mensch bin ich in dieser Rolle?
- Mein typisches Verhalten in dieser Rolle?
- Meine typischen Gedanken in dieser Rolle?
- Meine typischen Gefühle in dieser Rolle?
- Welche Bedürfnisse habe ich in dieser Rolle?
- Welche Handlungsimpulse habe ich in dieser Rolle?
- Wie trete ich mit anderen in Beziehung in dieser Rolle?

Und seien Sie sich immer bewusst, dass Sie sich gerade dabei wahrnehmen, wie Sie sich wahrnehmen …

Beobachter-Selbst-Übung 7: Meine Gefängnissätze

(nach Fliegel & Kämmerer, 2007)

Nehmen Sie sich ein Blatt Papier und ergänzen Sie schriftlich für sich die folgenden Sätze:

Ich muss immer ...

Ich darf nie ...

Ich kann nicht ...

Nehmen Sie sich einen Augenblick Zeit und überprüfen Sie, welche Bedeutung diese Sätze für Ihr Leben haben. Von wem kommen sie?

Nun schreiben Sie die drei Sätze noch einmal neu, indem Sie die Satzanfänge verändern:

Ich muss → *Ich entscheide mich dazu ...*

Ich darf nicht → *Ich erlaube mir nicht ...*

Ich kann nicht → *Ich möchte nicht ...*

Schauen Sie, was sich dabei für Sie verändert. Beispielsweise wird so aus »Ich muss immer erreichbar sein» zunächst »Ich entscheide mich dazu, immer erreichbar zu sein« und so letztlich vielleicht »Ich entscheide mich dazu, nur von 9–17 Uhr erreichbar zu sein«.

Beobachter-Selbst-Übung 8: Mein Leben als Schachbrett – ein Gedankenexperiment

Stellen Sie sich vor, Ihr Leben ist ein Schachbrett. Stellen Sie sich weiter vor, dass es sich nach allen Seiten ausdehnt und keine Ränder hat, es geht einfach ewig in alle Richtungen weiter. Ja, merkwürdig, aber folgen Sie mir einfach in diesem kleinen Gedankenexperiment.

Während Sie also so durchs Leben gehen (auf Ihrem Schachbrett), sammeln Sie alle möglichen Erfahrungen an.

Die Schachfiguren symbolisieren Ihr Innenleben, also wie es in Ihrem Inneren aussieht und was da so vor sich geht. Und wie im richtigen Leben sammeln sich hier jede Menge verschiedene Figuren an, schwarze und weiße Figuren auf dem Brett. Stellen Sie sich vor, dass jede Figur etwas repräsentiert, eine Erinnerung, ein Gefühl, einen Gedanken, eine Empfindung. Und wie im richtigen Leben ist eine Figur da, wenn sie einmal da ist, Sie können sie nicht mehr loswerden (Erinnern Sie sich, das Brett dehnt sich in alle Richtungen aus und hat keine Ränder). In Ihrem Leben gab es bislang jede Menge Erfahrungen, angenehme, neutrale und unangenehme. Die weißen Figuren stehen für alles Angenehme: wohlige Gefühle, schöne Erinnerungen, angenehme

Empfindungen, optimistische Gedanken. Die schwarzen Figuren stehen für alles, was nicht so angenehm ist, wie Ängste, Sorgen, Selbstzweifel, negative Erfahrungen, Schmerz, Hilflosigkeit, Traurigkeit.

Und so sammeln sich im Laufe des Lebens immer mehr Figuren an – und das Schachspiel ist stets in vollem Gange. Die Figuren sind alle irgendwie zusammen auf dem Brett, die angenehmen, die neutralen und die unangenehmen, und das Spiel geht immer weiter, mal haben die Weißen, mal die Schwarzen die Oberhand.

Was wir Menschen üblicherweise tun, ist zu versuchen, dieses Spiel irgendwie zu gewinnen. Wir versuchen, die angenehmen, die »guten« Figuren gewinnen zu lassen, sie sollen die unangenehmen besiegen. Wir wollen keine unangenehmen Gefühle und Erlebnisse haben. Das ist normal und menschlich. Es kommt Ihnen bestimmt bekannt vor.

Kann das denn auf Dauer funktionieren? Kann man dieses Spiel je gewinnen? Wie sieht Ihr inneres Schachspiel aus? Aus welchen Figuren bestehen Ihre Mannschaften? Mit welchen Strategien arbeiten sie? Was veranstalten die Weißen, um die Schwarzen in Schach zu halten? Wie erfolgreich sind sie dabei auf Dauer? Und zu welchem Preis? …

Die entscheidende Frage ist: Wo ist Ihr »Selbst« in diesem Spiel? Sind Sie alle diese Figuren? Oder nur einige? Oder mal diese und mal jene? Oder sind Sie noch sehr viel mehr? Wenn Sie nicht nur die Figuren wären, sondern sehr viel mehr, was könnten Sie noch sein?

Klar wäre es eine Möglichkeit, die Schachspielerin zu sein, aber gegen wen würde diese denn überhaupt spielen? Und ist es nicht das, was Sie bereits ausgiebig probiert haben? Zu gewinnen? Den Schmerz und alles Unangenehme zu besiegen? Und war es erfolgreich? Hat es langfristig funktioniert?

Und wenn Ihnen jetzt Gedanken kommen wie: »Kann ich die ganzen schwarzen Figuren nicht einfach runterwerfen?« Ja, könnte man meinen, aber erstens hat das Schachbrett keine Ränder, es dehnt sich ewig aus, und zweitens, wie ist Ihre Erfahrung damit? Haben Sie das nicht in der Vergangenheit schon probiert, probieren Sie das nicht andauernd, die schwarzen Figuren runterzuwerfen, sie loszuwerden? Und wie funktionierte das bislang?

Was aber, wenn Sie das Schachbrett wären? Eine interessante Perspektive … Das Brett hat Kontakt zu allen Figuren, es erlebt, was sich abspielt – und doch bleibt das Brett, was es ist. Es verändert sich nicht durch das Spiel, wie auch immer das Spiel gerade läuft, wer auch immer gerade mal die Oberhand hat, das Brett selbst ist niemals in Gefahr. Das Brett ist nicht mit den Figuren identisch, es hält alle Figuren, und das Brett bleibt auch intakt, wenn eine Figur sagt »Das kann ich nicht aushalten« und auch wenn alle Figuren gegeneinander kämpfen, dem Brett ist das egal. Das Brett ist immer das Brett und ist immer da …

Was, wenn Sie das Schachbrett wären?

Wichtig ist: Die Ich-bin-das-Schachbrett-Perspektive ist keinesfalls eine neue Kontrollstrategie, um unangenehmes Erleben »wegzumachen«! Bedenken Sie: Das Brett hat zu jeder Zeit Kontakt zu den Figuren. Es geht dabei nicht darum, von den Figuren unberührt zu sein, im Gegenteil, das Brett hat Platz für alle Figuren, es hält sie alle, es berührt sie alle, es hat Kontakt zu allen und ist dennoch an ihrem »Kampf« nicht beteiligt. Und das Brett ist ganz und bleibt unbeschadet, egal wie die Figuren herumtoben.

Wie können Sie diese Metapher im Alltag nützen? Wenn wieder einmal der Kampf in Ihnen tobt, wenn Sie sich in Ihre Gefühle oder Gedanken verstricken, dann können Sie sich fragen: »Bin ich jetzt gerade das Schachbrett, oder bin ich die eine oder andere Figur?«

Es gibt viele Varianten dieser Metapher: Die Schachtel, die viele Dinge enthält, oder das Haus, das viele Zimmer und Bewohner hat, der Himmel, an dem viele Wetterphänomene vorbeiziehen und der doch immer gleichbleibt, oder der See, über den viele Boote ziehen. Suchen Sie sich das aus, was Ihnen am besten gefällt.

Stolpersteine:

- Wie bei allen anderen Superkräften ist auch das Beobachter-Selbst keine Kontrollstrategie, um unerwünschtes inneres Erleben in den Griff zu bekommen oder gar »wegzumachen«. Es geht dabei vielmehr um das Einnehmen einer anderen Perspektive, um Abstand zu den eigenen »Geschichten« zu gewinnen und sich aus Verstrickungen mit einem konstruierten Selbstbild zu lösen.

- Manchmal verfängt man sich hier in philosophische Fragen (»Wer bin ich denn dann, was ist denn jetzt mein Ich?«) und verliert die eigentliche Aufgabe der Superkraft aus den Augen. Nun können philosophische und existenzielle Überlegungen ja wahrlich sehr wertvoll sein – man muss nur aufpassen, dass man sie nicht als Vermeidungsstrategie einsetzt, im Sinne von: lieber mal noch ein bisschen philosophieren und analysieren, weil das »ungefährlicher« ist, als sich wirklich mit sich selbst auseinanderzusetzen oder gar ins Handeln zu kommen. Hier ist Selbstehrlichkeit der beste Weg.
- Es geht keinesfalls darum, ein »negatives« Selbstkonzept durch ein vermeintlich positives zu ersetzen. Hier lauert eine ganz große Falle! Dies funktioniert in der Regel nicht und schafft nur neue Einengungen. Wir wollen vielmehr eine gewisse Distanz zum eigenen Selbstkonzept aufbauen, uns selbst als Beobachter des eigenen inneren Erlebens und der eigenen Selbstkonzepte und Rollen erfahren und somit nicht mehr damit verschmolzen sein.

3.6 Superkraft 5: Wertekompetenz – der innere Kompass: wissen und wählen, was uns wichtig ist

Ideale sind wie Sterne:
Man kann sie zwar nicht erreichen,
aber man kann sich sehr wohl an ihnen orientieren.
(Blaise Pascal)

> Bevor Sie weiterlesen:
> Legen Sie das Buch kurz beiseite und nehmen Sie einen achtsamen Atemzug.
> Warum haben Sie sich dieses Buch gekauft? Was wollen Sie in Ihrem Leben verändern? Und was *genau* ist Ihnen daran wichtig, was liegt Ihnen dabei am Herzen? Was daran ist für Sie Wert-voll? Nehmen Sie sich einen Augenblick Zeit, das zu reflektieren.
> Tun Sie das jetzt.
>
> WAHRNEHMUNGSPAUSE
>
> Fertig? Voilà, das ist Wertekompetenz. Gratuliere, Sie haben gerade Ihre Superkraft der Wertekompetenz eingesetzt.

Kurz erklärt: Wertekompetenz bedeutet zu wissen, was Sie tief in Ihrem Innersten bewegt, was Ihnen am Herzen liegt. Was Ihnen *wirklich* am Herzen liegt. Der Auftrag lautet: Finden Sie heraus, was Ihnen wichtig ist, und dann verfolgen Sie es mit ganzem Herzen.

Länger erklärt: Wir alle dürfen auf diesem unserem Planeten eine bestimmte Zeitspanne verbringen. Diese Zeit ist endlich (immerhin eine der wenigen Gewissheiten in diesem Leben), daher sind wir alle gezwungen, Prioritäten zu setzen, also zu wählen. Die Kernfrage hier ist, wie wollen Sie *Ihre* Zeitspanne nutzen? Wofür wollen Sie Ihre Kraft und Energie, Ihre Lebenszeit aufwenden? Was zählt für Sie am Ende des Tages? Es geht hier um nicht mehr und nicht weniger als die Ausrichtung Ihres Lebenskompass anhand dessen, was tief in Ihrem Herzen für Sie bedeutsam ist.

Werte, wie sie in der ACT gesehen werden, sind *selbst gewählte* Orientierungen, an denen Sie Ihr Handeln immer wieder ausrichten können. Diese Werte sind ganz Ihre eigenen, unabhängig davon, ob andere sie gut oder schlecht, nachvollziehbar oder merkwürdig finden. Es geht hier nicht um Richtig oder Falsch, um Moral oder Tugenden.

Oftmals haben wir Angst davor, unsere wahren Werte zu verfolgen, Angst, es nicht zu schaffen oder uns lächerlich zu machen – da scheint es uns sicherer, es gar nicht erst zu versuchen. Und manchmal haben wir auch den Kontakt zu unseren Werten ganz verloren und wissen gar nicht mehr, was uns wirklich im Innersten unseres Herzens bewegt. Beispiele hierfür gibt es jede Menge: Vielleicht möchten Sie gerne studieren, haben aber Angst, dass Sie nicht schlau genug sind. Vielleicht möchten Sie gerne Kinder bekommen, haben aber Angst, kein guter Vater, keine gute Mutter zu sein. Vielleicht möchten Sie mehr Zeit mit Ihrer Familie verbringen, trauen sich aber nicht, Ihren gesellschaftlich anerkannten und gut bezahlten Job zu reduzieren. Vielleicht gehen Sie keine Beziehung ein aus Angst davor, verletzt zu werden, obwohl Sie sich eine nahe und liebevolle Beziehung wünschen. Vielleicht möchten Sie etwas Bestimmtes erreichen, denken aber, dass Sie nicht selbstbewusst genug dafür sind. Und so weiter … Dies alles tut weh, wenn wir es uns eingestehen. Es ist *gleichzeitig* wichtig *und* schmerzvoll. Und zwar, genau *weil* es die Dinge sind, die uns so sehr am Herzen liegen.

Wichtig an dieser Stelle ist zu unterscheiden: Werte sind nicht Ziele. Werte sind gewissermaßen den Zielen übergeordnet, sie haben eine richtungsweisende Funktion. Ziele können erreicht und »abgehakt« werden, Werte nicht, sie sind eine lebenslange Aufgabe und Orientierung. Wenn mein Wert z. B. heißt: »gesundheitsbewusst leben«, dann kann ein Ziel auf dem Weg sein: »zweimal in der Woche laufen gehen«, ein anderes »mich vegetarisch ernähren«. Die letzteren beiden kann ich tun und einen Haken dahinter setzen, ersteres ist quasi die Überschrift, an der ich mein Handeln immer wieder ausrichten kann.

Es ist vergleichbar mit den Sternbildern, an denen sich die Seefahrer orientieren. Diese sind immer da und weisen den Weg, können selbst aber niemals erreicht werden.

Werte geben unserem Leben eine Ausrichtung, sie sind sozusagen das »Warum« hinter dem, was wir tun, und haben somit auch eine unglaubliche Motivationskraft. Die Superkraft Wertekompetenz hilft Ihnen, sich darauf zu besinnen, was in Ihren Leben wirklich eine Rolle spielen soll. Sie hilft Ihnen, fokussiert zu bleiben, motiviert Sie und weist Ihnen immer wieder den für Sie richtigen Weg.

Eine kleine Warnung: Wertearbeit kann zunächst einmal schmerzhaft sein. Vielleicht wird Ihnen bewusst, dass Sie Personen und Dingen, die Ihnen am Herzen liegen, schon viel zu lange vernachlässigt haben. Vielleicht bekommen Sie das Gefühl, Lebenszeit verschwendet zu haben. Oder das Gefühl, dass Ihnen die Zeit davonläuft. Oder es ist einfach nur Schmerz da über verpasste Gelegenheiten, Trauer, Selbstvorwürfe. Oder Sie bekommen Angst davor, was passiert, wenn Sie die Dinge nun wirklich angehen, oder einen Anflug von Hoffnungslosigkeit, weil Ihnen die Aufgabe zu groß erscheint. Das alles ist ganz normal. Es zeigt nur an, dass Sie auf dem richtigen Weg sind, hin zu etwas, das Ihnen wirklich am Herzen liegt. Und keine Angst, wenn der Weg weit erscheint: Wir können schließlich immer nur von da starten, wo wir sind, nicht von da, wo wir gerne sein wollen. Und Sie können auf alle Gedanken und Gefühle, die auftauchen, auch gleich Ihre bereits kultivierten Superkräfte Achtsamkeit, Akzeptanz und Defusion anwenden.

Was Wertekompetenz nicht ist: Werte-Wahl im Sinne der ACT hat nichts mit Tugenden, Sitten oder Moral zu tun. Nichts mit Richtig oder Falsch. Werte sind auch keine Eingebungen, die vom Himmel fallen. Werte haben nichts Mystisches, das man auf einer jahrzehntelangen Sinnsuche finden muss – Werte können vielmehr aktiv gewählt werden.

Wozu diese Superkraft dient: Wissen, was wichtig ist – und danach handeln. *»Wer nicht weiß, wohin er will, der darf sich nicht wundern, wenn er ganz woanders ankommt«*, wusste schon Marc Twain. Werte sind gewissermaßen der Kompass oder der Polarstern für Ihr Leben, da sie Ihnen die Richtung Ihres Handelns für ein gelingendes, zufriedenes, eben ein Wert-volles Leben weisen.

Eine Klärung Ihrer Werte ermöglicht es Ihnen, Ihr Leben entsprechend auszurichten. Werte sind Lebensprinzipien und somit handlungsleitend. Sie erlauben Ihnen, das zu verfolgen, was Ihnen wirklich wichtig ist. Das setzt jede Menge Energie frei und manche Dinge fangen an, leichter zu werden. Psychologisch betrachtet liegt der Wert (!) persönlicher Werte darin, die Motivation und Organisation komplexer Verhaltensmuster über längere Zeit hin aufrechtzuerhalten. Das heißt nichts anderes, als dass Ihnen Ihre Werte dabei helfen, »dran« zu bleiben, auch und gerade, wenn der Weg steil und steinig wird.

Wie geht's in a nutshell: Ihre Werte können Sie am besten klären, indem Sie in sich gehen und sich ein paar simple Frage stellen: Was liegt mir wirklich am Herzen? Worum soll es in meinem Leben gehen? Wofür will ich in meiner begrenzten Lebensspanne meine Zeit und Energie aufwenden?

Wie kann ich meine Superkraft kultivieren (Übungen):

1. 90 Kästchen
2. Blick zurück in Zufriedenheit
3. Rede zum 80. Geburtstag
4. Meine ganz persönlichen Werte
5. Die Zielscheibe (Bulls Eye)
6. Die Wunderfrage
7. Unerledigte Geschäfte
8. Noch ein Jahr, ein Monat, heute
9. Was hat mir früher Freude gemacht?
10. Wert-volle Gespräche
11. Mein Werte-Tagebuch
12. Werte-Geschichten
13. Mein Geheimnis

Werteübung 1: 90 Kästchen

Sie sehen hier eine Vorlage, ein Viereck mit 90 Kästchen. Jedes Kästchen steht für ein Lebensjahr, also 90 Jahre, eine etwas überdurchschnittliche Lebenserwartung.
Machen Sie jetzt in jedes Kästchen, für jedes Lebensjahr, das Sie bereits gelebt haben, ein Kreuz, einen Kreis oder sonst ein Zeichen, beginnend oben links. Wenn Sie beispielsweise 35 Jahre alt sind, markieren Sie 35 Kästchen beginnend links oben.
Los geht's.

Jetzt nehmen Sie sich Zeit, um das Ergebnis auf sich wirken zu lassen. Was erleben Sie gerade beim Markieren der Kästchen? Wenn Sie jetzt so auf Ihre Kästchen schauen, auf Ihr bereits gelebtes Leben und auf die noch vor Ihnen liegenden Jahre – welche Gedanken und Gefühle tauchen auf? Wie viele Kästchen sind bereits »abgehakt«? ... So viel ist von Ihrem Leben bereits vergangen.

Wie viele sind noch leer? So viel ist wahrscheinlich von Ihrem Leben noch übrig ... Wie geht es Ihnen damit, wenn Sie das jetzt so betrachten? Nehmen Sie alles wahr, was an Gedanken und Gefühlen auftaucht. Vielleicht kommen Gedanken wie »Jetzt hab ich schon so viel Zeit verschwendet« oder »Ui, noch so viel vor mir, was will ich als Erstes tun?« oder »Höchste Zeit, jetzt etwas zu verändern«. Vielleicht kommen auch Gefühle wie Angst, Wut, Scham oder Trauer, vielleicht bereuen Sie etwas, vielleicht setzt die Übung auch Energie frei – das ist wirklich bei jeder/jedem ganz unterschiedlich. Alles, was kommt, ist in Ordnung und teilt Ihnen etwas über Ihre Werte mit, über das, was Ihnen in Ihrem Leben am Herzen liegt. Nehmen Sie sich zum Schluss noch Zeit für die Frage:

Wie will ich die restlichen Kästchen meines Lebens füllen?

Werteübung 2: Blick zurück in Zufriedenheit

Stellen Sie sich vor, dass Sie von einem Punkt in der Zukunft, wenn Sie am Ende Ihres Lebens angekommen sind, wenn Sie auf Ihrem Sterbebett liegen, auf Ihr Leben zurückblicken und stellen Sie sich folgende Fragen:

- Worüber habe ich mir immer viele Sorgen gemacht?
- Womit bzw. mit wem habe ich nicht genügend Zeit verbracht?
- Gibt es etwas, das ich bereue?
- Was würde ich anders machen, wenn ich in der Zeit zurückgehen könnte?
- Worauf würde ich mehr Energie und Lebenszeit verwenden?
- Welchen Rat würden Sie Ihrem heutigen Ich von Ihrem Sterbebett aus geben?

Werteübung 3: Rede zum 80. Geburtstag

Stellen Sie sich vor, es ist Ihr 80. Geburtstag. Alle Menschen, die Ihnen etwas bedeuten, sind versammelt und halten Reden auf Sie, während Sie ganz entspannt zuschauen und zuhören können. Vielleicht ist Ihr Partner/Ihre Partnerin da, vielleicht Ihre Kinder, vielleicht Ihre Freund:innen, Sportkamerad:innen, Arbeitskolleg:innen, Nachbar:innen. Stellen Sie sich diese Szene vor Ihrem geistigen Auge vor. Jetzt suchen Sie sich eine Person aus diesem Kreis aus, die die erste Rede auf Sie hält. Was würden Sie sich wünschen, dass diese Person über Sie sagt? Sie dürfen das ganz frei entscheiden, was würden Sie hören wollen? Und seien Sie ganz ehrlich, lassen Sie diese Person all das sagen, was Sie am liebsten über sich hören wollen. Und nun suchen Sie sich eine weitere Person aus, die eine kurze Rede auf Sie hält und stellen Sie sich wieder vor, was diese Person sagen soll: Was möchten Sie von Ihr am liebsten hören? Was für ein Mensch Sie waren, was Sie in Ihrem Leben getan haben, wem oder was Sie Ihre Zeit gewidmet haben? Halten Sie sich hier nicht zurück, Sie dürfen sich hier alles wünschen, was auch immer diese Person über Sie erzählen soll. Und nun dürfen Sie sich noch eine dritte Person aussuchen, die etwas über Sie erzählt und wieder können Sie es genauso gestalten, wie Sie wollen. Auch wenn es momentan vielleicht in Ihrem Leben noch nicht so ideal ist, was soll diese Person über Sie sagen?

Nehmen Sie sich für diese Übung ausreichend Zeit, am besten, Sie machen sie schriftlich.

Lesen Sie Ihre Reden dann noch einmal durch und beantworten Sie folgende Fragen für sich:

- *Was ist besonders eindrucksvoll, besonders bewegend in den Reden, was ist am wichtigsten für mich?*
- *Wofür soll man mich in Erinnerung behalten?*
- *Wenn ich jetzt mein aktuelles Leben anschaue, bin ich dann auf dem richtigen Weg, in der richtigen Richtung unterwegs?*
- *Welchen Weg kann ich jetzt einschlagen, um es möglich zu machen, an meinem 80. Geburtstag diese Reden zu hören?*

Werteübung 4: Meine ganz persönlichen Werte

(in Anlehnung an Wengenroth, 2017)

Beantworten Sie die folgenden Fragen für sich selbst – größtmögliche Ehrlichkeit sich selbst gegenüber ist hier entscheidend, auch und gerade, wenn die eine oder andere Antwort schmerzlich ausfallen mag. Mit manchen Sätzen können Sie vermutlich mehr anfangen als mit anderen, einige Sätze werden Sie sofort ansprechen, andere nicht. Nehmen Sie aufmerksam wahr, welche Gedanken, Gefühle, Empfindungen und Handlungsimpulse beim Vervollständigen der Sätze bei Ihnen auftauchen.

Ich mag mich am liebsten, wenn ich

....

Mein bestes Erlebnis der letzten Woche war

....

Eine der besten Erfahrungen in meinem Leben war

....

Wenn ich einen Tag in meinem Leben noch einmal leben könnte, dann wäre das

....

Wenn ich nur noch eine Woche zu leben hätte, dann würde ich unbedingt noch

....

Mit selbst ein:e gute:r Freund:in zu sein bedeutet vor allem

....

Anderen ein:e gute:r Freund:in zu sein bedeutet vor allem

....

Ich bewundere an anderen häufig

....

Was mich wirklich traurig macht, ist

....

Was mir wirklich Freude macht, ist

....

Was mich wirklich wütend macht, ist

....

Am meisten fürchte ich mich vor

....

Komplett die Zeit vergessen kann ich/am meisten im Flow bin ich, wenn ich

....

Wenn ich in meinem Leben eine Sache sofort ändern könnte, wäre das

....

Wenn ich in der Zeit zurückreisen könnten und eine Sache in meinem Leben anders entscheiden könnte, wäre das

....

Was in meinem Leben keinesfalls passieren darf ist

....

Wenn ich eine Million Euro hätte, würde ich

....

Ein Gefühl der Sehnsucht habe ich zuletzt gespürt bei

....

In meine Leben bin ich dankbar für

....

▶ Welche dieser Sätze berühren Sie am meisten? Und welche Werte stehen hier für Sie jeweils dahinter?

Werteübung 5: Die Zielscheibe
(nach Hayes et al., 2016)

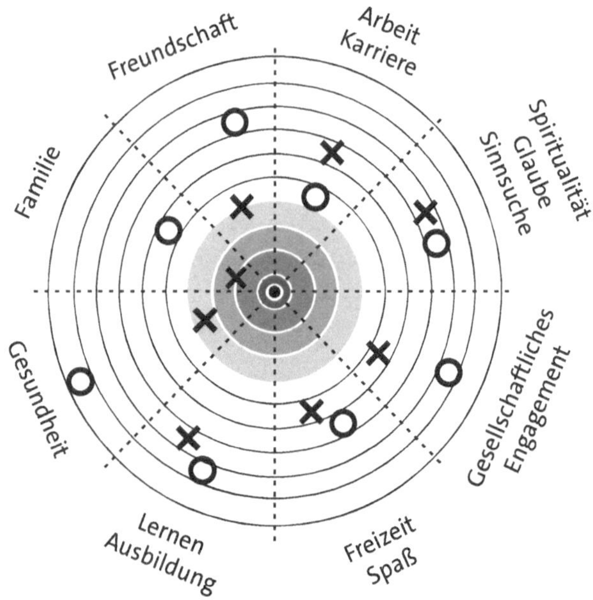

✕ Wie wichtig ist mir dieser Wert
○ Wie sehr lebe ich diesen Wert derzeit in meinem Leben

Sie sehen hier eine Zielscheibe mit verschiedenen Werte-Bereichen des Lebens. Diese Vorlage ist nur ein Beispiel, Sie können die Zielscheibe natürlich auch komplett anders aufteilen und sie mit anderen Werte-Themen füllen. Nutzen Sie dazu das Arbeitsblatt auf der folgenden Seite.

Machen Sie ein Kreuz in jeden Bereich der Zielscheibe, um darzustellen, wie wichtig Ihnen der jeweilige Wert ist (je näher an der Mitte desto wichtiger). Dann nehmen Sie eine andere Farbe und machen ein weiteres Kreuz oder einen Kreis in jeden Bereich, um zu markieren, wo Sie heute bereits stehen, also inwieweit Sie diesen Wert in Ihrem Leben derzeit etabliert haben, inwieweit Sie heute Ihren Werten entsprechend handeln, also diese in Ihrem Leben umsetzen.

Spannend wird es überall da, wo Ihre Kreuze weit auseinanderliegen.

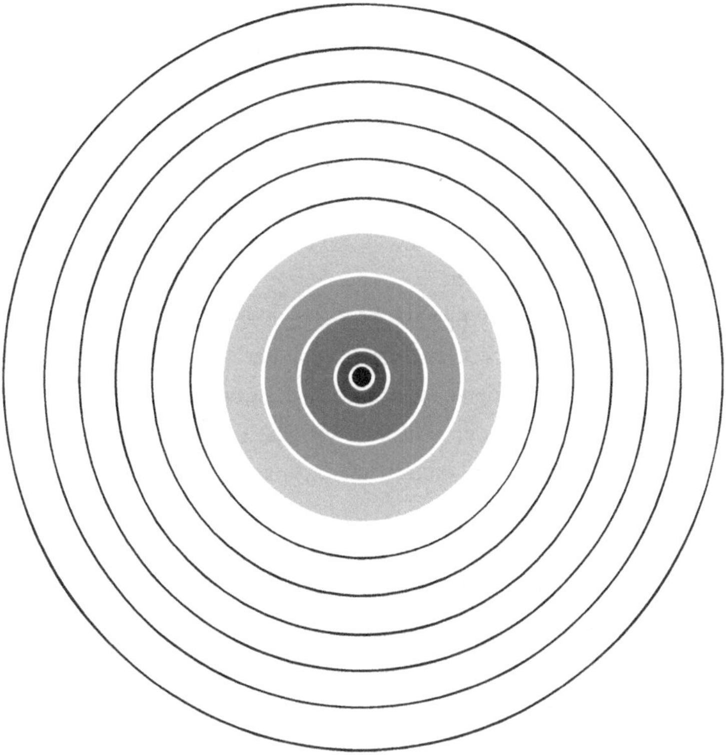

Welche Ihrer Werte setzen Sie derzeit in Ihrem Leben (zu) wenig um? Was hindert Sie daran? Wie kann es gelingen, diesen Werten mehr Zeit und Energie zu widmen? Was können Sie heute noch tun, um einen Schritt auf Ihre Werte zuzugehen?

Werteübung 6: Die Wunderfrage

Folgen Sie mir auf ein kleines Gedankenexperiment:

Angenommen, es wäre Nacht und Sie legen sich schlafen. Während Sie nun schlafen, geschieht ein Wunder und das Problem, mit dem Sie schon seit längerer Zeit kämpfen, belastet Sie auf einmal nicht mehr. Ihre Depression, Ihre Angst, Ihre Grübelgedanken, Ihre Selbstzweifel, all die Schwierigkeiten, mit denen Sie schon so lange kämpfen und wegen derer Sie jetzt auch dieses Buch lesen, stellen auf einmal keine Schwierigkeit mehr für Sie dar. Die Veränderungen, die Sie anstreben, sind über Nacht geschehen.

- Was wird Ihrer Meinung nach am Morgen das *erste kleine Anzeichen* sein, woran Sie merken, dass diese Veränderungen eingetreten sind?
- Was genau wäre anders? Wenn Ihre erste Antwort etwas ist wie: »Ich wäre glücklicher« oder »Ich wäre weniger depressiv«, dann versuchen Sie das noch zu konkretisieren. Woran *genau* würden Sie das feststellen?
- Wie genau würden Sie sich anders verhalten? Wovon würden Sie mehr tun – und wovon weniger?
- Wer in Ihrem Umfeld würde bemerken, dass dieses Wunder geschehen ist, dass diese Veränderung eingetreten ist? Und woran? Wer wird am meisten davon überrascht sein? Was wird der-/diejenige sehen, was Sie anders machen?
- Wie sieht Ihr Tagesablauf aus? Wie sehen Ihre Beziehung aus? Wie sieht Ihre Arbeit aus? Ihre Freizeit?
- Gab es in Ihrem Leben irgendwelche Zeiten oder Situationen, wo es schon einmal so war wie nach dem Wunder?
- Was können Sie tun, um ein Stück dieses Wunders schon jetzt passieren zu lassen? Was kann ein erster kleiner Schritt sein – heute noch, am besten gleich, nachdem Sie das Buch zuklappen?

Werteübung 7: Unerledigte Geschäfte

Für diese Übung brauchen Sie nur Stift und Papier, einen ruhigen Ort, an dem Sie nicht gestört werden, und ein bisschen Zeit. Nehmen Sie ein paar sanfte Atemzüge und kommen Sie zur Ruhe.

Beantworten Sie dann die folgenden Fragen für sich schriftlich.

Angenommen, Sie müssten heute Abend noch diese Erde verlassen, ...
... was würden Sie unerledigt zurücklassen?
... mit wem würden Sie unbedingt noch sprechen wollen?
... was würden Sie auf jeden Fall noch tun wollen?
... was würden Sie bedauern?
... worüber wären Sie froh?

Werteübung 8: Noch ein Jahr, ein Monat, heute?

Bei dieser Übung geht es um den Zusammenhang von Endlichkeit und Bedeutsamkeit.

Wenn wir ewig leben würden, müssten wir uns niemals für irgendetwas entscheiden, und auch nie gegen etwas – zumindest nicht endgültig. Denn es bliebe ja immer noch Zeit (im wahrsten Sinne des Wortes ewig), all die anderen Dinge zu tun. Da wir aber alle nicht ewig leben, sondern unsere Zeit auf diesem Planeten begrenzt ist, müssen wir uns ständig entscheiden, wem und was wir unsere Wert-volle Zeit widmen wollen. Erst dadurch bekommen die Dinge Ihre Bedeutsamkeit. Daher ist es ab und an gut, sich diese Frage mit aller Bewusstheit zu stellen.

Stellen Sie sich vor, bei Ihnen wird eine unheilbare Krankheit diagnostiziert.

Sie haben noch 10 Jahre zu leben:

- Wer und was wäre Ihnen wichtig?
- Was würden Sie in dieser Zeit noch unbedingt tun wollen?
- Mit wem würden Sie noch unbedingt Zeit verbringen wollen?
- Welche Projekte wären Ihnen wichtig?
- Was würden Sie noch unbedingt erledigen wollen?

Die Krankheit schreitet weiter fort. Sie haben noch 10 Monate zu leben. Stellen Sie sich dieselben Fragen wir oben.
Die Krankheit ist noch weiter fortgeschritten. Sie haben noch 10 Tage zu leben. Stellen Sie sich nochmals dieselben Fragen wir oben.

Werteübung 9: Was hat mir früher Freude gemacht?

Eine gute Möglichkeit, seinen Werten auf die Spur zu kommen, ist es, einen Blick auf die eigene Lebensgeschichte zu werfen. Versetzen Sie sich zurück in Ihr frühes Erwachsenenalter, Ihre Jugend, Ihre Kindheit und schauen Sie sich Ihre Träume, Pläne, Wünsche und Beschäftigungen von damals an.

- Was hat Ihnen als Kind Freude gemacht? Womit haben Sie sich gern beschäftigt?
- Welchen Beruf haben Sie als Kind/Jugendliche:r ergreifen wollen und warum?
- Welche Freunde hatten Sie als Kind, Jugendliche:r, junge:r Erwachsene:r und was hat Ihnen an ihnen gefallen?
- Wofür sind Sie als Kind oder Jugendliche:r bewundert oder gelobt worden?
- Womit haben Sie als Kind/Jugendliche:r am liebsten Ihre Zeit verbracht?
- Woran erinnern Sie sich heute noch gern zurück, was erfüllt Sie mit Freude, Stolz und Zufriedenheit?

Werteübung 10: Wert-volle Gespräche

Binden Sie Ihre Freund:innen, Ihre Familie, Ihren engsten Kreis in Ihren Wert-Findungsprozess mit ein. Führen Sie mit allen, die Ihnen wichtig sind und die Lust darauf haben, ein Gespräch über Ihre (und deren) Werte. Finden Sie gemeinsam heraus: Was ist mir/uns wichtig im Leben, was liegt uns am Herzen, wofür wollen wir unsere begrenzte Zeit und Energie einsetzen? Auch hier kann man gut die Werte-Zielscheibe verwenden.

Werteübung 11: Mein Werte-Tagebuch

Beginnen Sie, ein Tagebuch zu führen, in dem Sie Ihre Werte herausarbeiten. Tragen Sie hier alle Situationen ein, die etwas in Ihnen auslösen, die Sie berühren. In der Regel weisen solche Situationen auf etwas hin, was uns wichtig, was Wert-voll für uns ist. So ein Tagebuch kann in freier Form mit Notizen geführt werden oder es kann z. B. so aussehen:

Datum	Was ist passiert	Meine Gefühle und Gedanken	Lebensbereich	Meine Werte, was ist mir wichtig
19.08.	Ich komme sehr gestresst nach Hause, mein Freund nimmt mich in den Arm und macht mir eine Tasse Tee	Freude, Rührung. »Ich bin so froh, dass ich ihn hab«	Partnerschaft	Nähe, gute Beziehung, Familie
20.08.	Mein Chef kommt und gibt mir einen großen Aktenstapel, den ich fürs Archiv vorbereiten soll	Ärger, Frust. »Immer krieg ich die Deppenaufgaben«, »Nie kann ich zeigen, was ich wirklich kann«, »Mit mir kann man's ja machen«	Arbeit, Beruf	Etwas Sinnvolles tun, Einsatz zeigen, mich engagieren, Anerkennung, zeigen, was ich kann

Werteübung 12: Werte-Geschichten

Nehmen Sie sich zehn Minuten Zeit, um über Ihre Werte zu schreiben. Zehn Minuten sind keine lange Zeit. Wählen Sie einen Ihrer Werte aus und schreiben Sie auf, was genau Ihnen daran wichtig ist. Weshalb ist dieser Wert für Sie bedeutungsvoll? Schreiben Sie darüber, was genau Sie tun möchten, das Ihrem Wert entspricht, wie Sie sich verhalten möchten, um Ihren Wert zu verfolgen. Schreiben Sie auf, wie sich das zeigen wird, was sich in Ihrem Leben dadurch verändern wird. Lassen Sie Ihren Gedanken freien Lauf und schreiben Sie alles auf, was Ihnen dazu einfällt. Wenn Sie mögen, nehmen Sie sich jeden Tag ein paar Minuten dazu Zeit.

Werteübung 13: Mein Geheimnis

Suchen Sie sich einen Ihrer Werte aus und überlegen Sie, wie Sie sich *heute* Ihrem Wert entsprechend verhalten können, also wie, wann und wo Sie diesen Wert heute in eine Tat umsetzen können. Und dann tun Sie es, aber – und das ist entscheidend – nicht öffentlich, sodass es alle mitbekommen, sondern still und leise, sodass es keiner merkt.

Sie können zum Beispiel etwas für einen ihrer Freunde tun, ohne dass dieser weiß, dass Sie es waren. Tun Sie es einfach nur, weil es Ihrem Wert entspricht, nicht weil Sie Anerkennung oder Bestätigung von außen bekommen oder erwarten. Mit dieser Übung bekommen Sie ein gutes Gespür für Ihre authentischen Werte, also dafür, welche Ihre wirklichen Werte sind, und nicht irgendwelche übernommenen oder gesellschaftlich erwünschten Werte. Stellen Sie sich ruhig öfter mal im Leben, wenn Ihnen etwas sehr wichtig erscheint, die Frage: »Was, wenn keiner davon erführe – wäre es mir dann noch wichtig?«

Stolpersteine:

- **Verwechslung von Werten und Zielen.** Diese Unterscheidung ist nicht immer ganz leicht. Eine gute Faustregel ist: Ziele können wohl erreicht und »abgehakt« werden, Werte jedoch nie. Ein Beispiel: Ich kann mir vornehmen, mit dem Rauchen aufzuhören. Das ist ein Ziel, denn irgendwann habe ich es erreicht (jaja, oder auch nicht …). Welcher Wert aber steht hinter diesem Ziel? Vielleicht etwas wie »gesundheitsbewusst leben«, vielleicht auch der Wert Familie (»Ich will noch lange für meine Familie da sein«). Auf diese Werte kann ich mich stetig zubewegen und versuchen, so gut wie möglich dranzubleiben. Dazu können dann auch noch verschiedene andere Ziele gehören, wie z. B. zweimal pro Woche Sport zu machen, mich gesünder zu ernähren und jeden Tag Ost und Gemüse zu essen, ein paar Kilo abzunehmen, Zeit mit meiner Familie zu verbringen, weniger zu arbeiten und das Büro um 17 Uhr zu verlassen.

- **Wünsche und Werte oder Haben und Sein.** »Ich will ein großes Haus mit Swimmingpool, einen Porsche, den/die perfekten Partner:in, ich will glücklich sein, ich will 10 Millionen im Lotto gewinnen.« All dies sind Wünsche, aber keine Werte. Sie beschreiben lediglich etwas, was ich haben will, sagen aber nichts darüber aus, wie ich mich verhalten will, was für ein Mensch ich sein will. Wenn bei Ihnen solche Gedanken auftauchen (und ganz ehrlich, wer hat die nicht), versuchen Sie Ihre Werte dahinter zu finden. Also das »Wozu«: Sie möchten im Lotto gewinnen, um dann was damit anzufangen? Sie möchten »glücklich« sein, um dann was tun zu können (oder nicht mehr tun zu müssen)? Natürlich möchten wir alle irgendwie glücklich sein – aber was bedeutet das für Sie ganz genau? Ist Glück ein Selbstzweck? Was genau ist Ihnen an Ihren Wünschen wichtig, warum liegt Ihnen genau das am Herzen? Oder liegt es Ihnen vielleicht gar nicht wirklich am Herzen, sondern ist etwas, das zwar gesellschaftlich anerkannt, »irgendwie« erstrebenswert oder sozial erwünscht ist, aber gar nicht wirklich das Ihre? Es geht bei der Wahl der Werte nicht darum, »Was will ich haben?«, sondern »Wie will ich sein?«, als was für ein Mensch will ich durchs Leben gehen? Hier hilft auch die Wunderfrage weiter (s. Übungen).
- **Rechtfertigungen.** Sie können Ihre Werte frei wählen. Sie müssen sie nicht erklären und schon gar nicht rechtfertigen. Wir sind es in unserer Kultur gewohnt, Dinge zu begründen. Alles, was wir tun, sollte einen »guten Grund« haben. Es passiert ganz automatisch, dass unser Verstand Begründungen konstruiert (oftmals im Nachhinein), um eine getroffene Entscheidung, ein Vorhaben, einen getätigten Kauf, einen gefassten Plan, ein bestimmtes Verhalten logisch zu erklären und zu »verteidigen«. Dies sind oftmals aber nur nachgeschobene Rationalisierungen und keine echten Beweggründe. Wir sind so daran gewöhnt, uns und unser Verhalten erklären und begründen zu müssen, dass es manchmal nicht einfach ist, sich da-

von zu lösen. Genau darum geht es aber bei der freien Wählbarkeit von Werten. Ich muss meine Wahl nicht begründen. Natürlich kann unser Verstand endlose logische Argumente generieren, warum Freundschaft oder Fairness oder Gesundheit oder Gerechtigkeit oder was auch immer ein »guter« Wert ist. Darum geht es aber nicht. Werte im Sinne der ACT bedürfen keiner Begründung oder gar Rechtfertigung, es geht schlicht und einfach darum, was uns wirklich am Herzen liegt. Oder wie Blaise Pascal es ausdrückt: »Das Herz hat seine Gründe, die der Verstand nicht kennt.«

Damit hier aber kein Missverständnis aufkommt:

- **Werte sind keine Gefühle, sondern Orientierungen zum Wertvollen Handeln.** In diese Falle tappt man schnell, wenn man »Werte fühlen« mit »nach Werten handeln« verwechselt. Dass einem etwas am Herzen liegt, heißt eben gerade nicht, dass man sich bei der Umsetzung ständig »gut« fühlen muss. Gerade wenn wir Werte in Handlungen umsetzen, tauchen häufig Ängste oder Widerstände auf. Hier gilt es dranzubleiben, uns weiterhin von unseren Werten leiten zu lassen, uns weiter (oder immer wieder) darauf zuzubewegen, auch und gerade, wenn unterwegs Hindernisse auftauchen. Also weiter auf unseren Polarstern zuzusteuern, auch wenn wir auf dem Weg dahin vielleicht ein paar Untiefen oder Klippen umschiffen müssen.

  Ein Beispiel: In einer längeren Beziehung ändern sich die Gefühle dem Partner/der Partnerin gegenüber ständig, je nach Tagesform, Situation etc. Wenn mein Wert ist, eine liebevolle, respektvolle, vertrauensvolle, achtsame Partnerschaft zu führen, und ich das nur in Momenten tue, wenn alles glattläuft, in Momenten aber, wenn ich eine Wut auf meinen Partner/meine Partnerin habe, alles über Bord werfe und mich genau gegenteilig zu meinem Wert verhalte, dann wird das langfristig meiner Beziehung nicht guttun, und es führt mich von meinem Wert weg. Ein anderes Beispiel: Mein Wert ist es, gesundheitsbewusst zu leben (eher Obst und Gemüse zu essen und wenig Süßigkeiten zu mir zu nehmen, regelmäßig zum Sport zu gehen etc.). Wenn ich mich nur daran halte, wenn in meinem Leben alles glattläuft und ich mich gut fühle, sobald ich aber gestresst oder verärgert oder traurig bin, mich einem Essanfall hingebe oder nicht mehr zum Sport gehe (weil ich ja so ein armes Schwein bin, das es verdient hat, mit einer Schachtel Pralinen auf dem Sofa zu liegen), dann wird das meiner Gesundheit langfristig nicht guttun und mich meinen Werten nicht näherbringen.

So kann uns eben gerade der Bezug zu unseren überdauernden Werten und die (Wieder-)Besinnung darauf helfen, durch schwierige Phasen in unserem Leben zu kommen und gerade dann an dem festzuhalten, was uns am Herzen liegt.

- **»Ich weiß nichts« – »Werte ... keine Ahnung«.** Uff, dieses ganze Wertezeugs kann einen anfangs ganz schön überfordern. Aber keine Sorge – das ist ganz normal und geht vielen Menschen so. Am besten erst mal durchschnaufen und sich Zeit lassen. Die Superkraft der Wertekompetenz zu kultivieren, also Werte zu wählen und zu finden, ist ein Prozess. Das kann – und darf – schon mal dauern. Seien Sie geduldig mit sich. Sie müssen sich nicht hinsetzen und in fünf Minuten Ihre perfekte Werteliste machen. Nehmen Sie sich Zeit, probieren Sie ein paar der Übungen aus. Es macht nichts, wenn Ihnen erst einmal nichts einfällt und Sie sich ein wenig orientierungslos fühlen, es ist ja vielleicht eine neue und ungewohnte Frage. Beschäftigen Sie sich einfach eine Weile damit und schauen Sie, welche Gedanken und Gefühle dazu auftauchen. Und seien Sie dabei freundlich zu sich, immerhin wagen Sie sich an eine große Aufgabe. Vielleicht gibt es Ängste oder sie neigen zu Vermeidungsverhalten. Der kleine Satz »Ich weiß nicht« kann manchmal eine mächtige Schutzmauer sein, er beendet jegliche Diskussion und holt uns aus dieser ungemütlichen Situation heraus, in der wir uns mit uns selbst auseinandersetzen, oder gar Veränderungen angehen müssen. Vielleicht können Sie daraus ein »Ich weiß es jetzt noch nicht genau, bin aber dran – weil es mir wichtig ist« machen.
- **Moralischer Druck.** Werte als (moralisches) Zwangsmittel einzusetzen, funktioniert nicht. Wenn Sie sich also gerade selbst schubsen, sich unter Druck setzen, sich zwingen wollen oder sich gar selbst

drohen, etwa »Wenn du dies und jenes jetzt nicht tust und deinen Werten nicht folgst, dann bist du ein schwacher, schlechter … Mensch«, dann halten Sie inne, schnaufen Sie tief durch und seien Sie freundlich zu sich selbst. Es bringt nichts, moralischen Druck aufzubauen und die Botschaft rüberzubringen, dass unsere Entscheidung zwar frei ist, wir aber mir dieser speziellen Entscheidung nicht nur uns und die Welt um uns herum enttäuschen, sondern sie auch noch moralisch verwerflich ist. Wenn moralischer Druck funktionieren würde, dann gäbe es vermutlich keine Suchtproblematik, wir alle hätten keine Probleme mit dem inneren Schweinehund und so weiter. Wir wissen also aus eigener Erfahrung, dass moralischer Druck nicht funktioniert. Die Entscheidung für unsere Werte ist immer eine, die wir treffen *wollen*, sie ist immer frei.

- **Werte mit Regeln vermischen.** Diese Falle können wir ganz leicht erkennen am »sollte«, »muss«, »müsste«, »immer«, »niemals« und so weiter. Werte können auf verschiedene Art und Weise verfolgt und gelebt werden, man hat hier einen flexiblen Handlungsspielraum. Regeln hingegen sind starr, man darf den engen Korridor nicht verlassen. Ein Beispiel wäre der Wert, eine gute Mutter, ein guter Vater zu sein. Starre Regeln wären hier z. B. »Ich darf meine Kinder niemals anschreien«, »Ich muss immer Zeit haben, wenn eins meiner Kinder zu mir kommt«, »Ich sollte immer freundlich und gelassen mit meinen Kindern sein«. Uff! Flexiblere Handlungspläne, die diesem Wert entsprechen, gibt es viele, beispielsweise: »Ich nehme mir Zeit, wenn meine Kinder zu mir kommen und wenn es gerade nicht geht, erkläre ich den Kindern warum und bespreche mit Ihnen, wann ich für sie Zeit habe«, »Ich darf meinen Kindern auch zeigen, wenn ich gestresst oder wütend bin«.
- Ähnliches gilt für **sozial erwünschte Werte.** Solche Werte, die also gar nicht Ihre ureigenen sind (ebenfalls häufig erkennbar an Formulierungen mit »sollte, müsste«), können beispielsweise aus dem Elternhaus oder Ihrem sozialen Umfeld übernommen worden sein oder es sind Werte, mit denen Sie jemand anderem gefallen möchten. Werte sind natürlich auch in hohem Maß kulturabhängig und

wollen damit wie alles andere in ihrem kulturellen Kontext betrachtet werden. Werte sind als Teil der Sozialisation in höchstem Maße davon abhängig, was in der jeweiligen Gesellschaft oder Kultur gefördert bzw. sanktioniert wird. Seien Sie hier so ehrlich wie möglich zu sich selbst. Helfen kann hier ein kleines Vorstellungsexperiment: »Stellen Sie sich vor, Sie sind auf dem Weg zu Ihrem Wert (und erreichen unterwegs eines der Etappenziele) – und keiner weiß es, keiner würde es sehen und keiner würde auch je davon erfahren, würde das einen Unterschied machen, wäre es dann immer noch ein wünschenswerter Wert für Sie?«

3.7 Superkraft 6: Commitment – entschlossen handeln

Es ist nicht genug zu wissen, man muss es auch anwenden.
Es ist nicht genug zu wollen, man muss es auch tun.
(Johann Wolfgang von Goethe)

Bevor Sie weiterlesen:
Legen Sie das Buch kurz beiseite und verbinden Sie sich mit dem, was Sie verändern möchten. Was möchten Sie angehen und was kann der erste *kleinste* Schritt sein, den Sie *heute* noch umsetzen können? Nehmen Sie sich einen Augenblick, um diesen Schritt ganz konkret zu planen.
Tun Sie das jetzt.
Vielleicht wollen Sie sogar aufstehen und diesen ersten Schritt sogleich umsetzen.

WAHRNEHMUNGSPAUSE

Fertig? Voilà, das ist Commitment. Gratuliere, Sie haben gerade Ihre Superkraft des Commitment eingesetzt.

Kurz erklärt: *Tun,* was wirklich wichtig ist. Wertegeleitetes Handeln. Verfolgen, was Ihnen am Herzen liegt. Oder auch: Machen ist wie wollen, nur krasser.

Länger erklärt: Hier geht es um flexibles und wirkungsvolles Handeln im Einklang mit unseren Werten. Ein erfülltes, gelingendes Leben ist nur lebbar, wenn wir es ins Tun umsetzen, wenn wir uns also entsprechend unserer Werte verhalten. Das bedeutet, dass wir unsere Superkräfte nicht nur kennen, sondern auch einsetzen, und zwar im richtigen Leben, im Alltag, jeden Tag. Es bedeutet praktisch das Umsetzen all dessen, was Sie bislang hier geübt und kultiviert haben.

Oftmals ist es hilfreich, mit kleinen Schritten loszulegen. Wir wissen ja alle: Eine Reise von 1000 Meilen beginnt immer mit dem ersten Schritt. Banal, aber wahr.

Und dann ist es natürlich genauso wichtig, dranzubleiben. Es ist ja nicht damit getan, etwas nur einmal zu tun bzw. umzusetzen. Eine Verhaltensänderung bedarf der kontinuierlichen Übung. Wir müssen uns also immer wieder dafür *entscheiden,* ein bestimmtes Verhalten auszuführen und es dann wieder und immer wieder tun. So werden neue Verhaltensmuster daraus und schließlich Gewohnheiten.

Wir müssen also unsere Werte in Taten umsetzen. Schließlich können Sie auch nicht schwimmen lernen, indem Sie Manuale oder Anweisungen studieren – irgendwann müssen Sie ins kühle Nass springen und »es« tun, und nicht nur einmal. Und man muss es mit ganzem Herzen tun – genauso wie man nicht »ein bisschen« vom Drei-Meter-Brett springen kann.

Lernen ist nichts anderes, als dass in unserem Gehirn neue neuronale Verknüpfungen gebahnt werden, und das braucht Zeit und Wiederholungen. Je öfter Sie ein bestimmtes Verhalten ausführen, umso mehr festigen sich die zugehörigen neuronalen Bahnen und umso mehr geht es in Fleisch und Blut über.

Wenn Ihnen jetzt Gedanken kommen wie »Oje, das hab ich befürchtet … zäh … viel Arbeit …, ob ich das schaffe …«, dann danken Sie Ihrem Geist für diese Gedanken und wenden Sie gleich all Ihre

Superkräfte an und schauen Sie, wie Sie *mit* all diesen Gedanken in Richtung Ihrer Werte unterwegs sein können.

Was Commitment nicht ist: Sich zwingen, etwas zu tun, eiserne Willensstärke, knochenharte Disziplin. Sondern: Engagiertes Handeln ist immer Werte-basiert und somit intrinsisch motiviert, es ist immer wieder eine *Entscheidung*, sich in eine bestimmte Richtung zu bewegen, weil es Ihnen am Herzen liegt, und entsprechend zu handeln.

Wozu diese Superkraft dient: Ins Tun kommen. Handeln. Sich in Bewegung setzen. Loslegen. Und zwar in Richtung Ihrer Werte. Tatkräftig zu verfolgen, was Ihnen in Ihrem Leben wirklich wichtig ist. Also die Umsetzung Ihrer Werte ins Tun. In der Psychologie gibt es den Begriff Selbstwirksamkeit. Das bedeutet, die innere Überzeugung zu haben, schwierige oder herausfordernde Situationen gut meistern zu können – und das aus eigener Kraft heraus. Also: Ich nehme die Dinge in die Hand, ich setze meine Werte in Taten um, ich gestalte etwas und erfahre eine Wirkung. Wir werden damit wieder zu Steuerleuten unseres eigenen Lebens und sind nicht mehr die blinden Passagiere auf einem Piratenschiff ohne Hafen und Heimat. Oder, wie eine Klientin es einmal ausdrückte: »Ich bin wieder Protagonistin in meinem Leben und sitze nicht mehr in den Seitenrängen.«

Wie geht's in a nutshell: Get off your but's! Ein amerikanisches Wortspiel, das sich schlecht ins Deutsche übersetzen lässt und so viel bedeutet wie: Schluss mit dem »aber« – Hintern hoch und los! Wenn Ihnen Ihr Gehirn jetzt alle möglichen Ausreden serviert nach dem Motto »Ich würd ja gern, aber …«, »Wenn's so einfach wäre …«, »Ich kann es einfach nicht …«, dann springen Sie noch mal zur Übung »die Ich-kann-nicht-Mauer« zurück. Oder forschen Sie im Wertekapitel 3.6 noch mal nach, ob Sie wirklich in Richtung Ihrer eigenen Werte unterwegs sind. Die folgenden Übungen helfen Ihnen bei der Umsetzung und in den Kapiteln 5 »Das Superkräfte-Workout« und 4 »Was sonst noch hilfreich ist: Selbstmitgefühl, die Matrix, die Pausentaste« finden Sie auch noch einmal Anregungen, wie Sie durchstarten und dranbleiben können. Dabei wollen wir vom einzelnen klitzekleinen Veränderungsschritt über Veränderungsmuster hin zu neuen Gewohnheiten kommen und so die sechs Superkräfte in unserem Leben etablieren.

Wie kann ich meine Superkraft kultivieren (Übungen):

1. Mit ganzem Herzen, oder: Sprung vom Drei-Meter-Brett
2. Will ich's wirklich? Schritte zum entschlossenen Handeln
3. Der winzigste Schritt
4. Würzen und genießen
5. Ja, ich tu's – Selbstverpflichtung
6. Die Matrix (siehe Kapitel 4)

Commitmentübung 1: Mit ganzem Herzen, oder: Sprung vom Drei-Meter-Brett

»Na ja, ich kann's ja mal versuchen«, »Ja, ich will's mal probieren …«, »Ich hab's schon so oft versucht …«.

Kennen Sie das? Sagt Ihnen Ihr Geist vielleicht gerade so etwas Ähnliches? Dann sind Sie in bester Gesellschaft. Haben Sie in Ihrem Leben schon einmal *versucht*, etwas zu tun? Und wie hat das Ihrer Erfahrung nach geklappt? Es ist ein himmelweiter Unterschied zwischen »Ich versuche es mal« und »Ja, ich tue es«.

Zur Verdeutlichung ein kleines Experiment: Sie brauchen dazu einen kleinen Gegenstand, z. B. einen Kugelschreiber (oder eine Tasse, ein Geldstück, einen Keks o. Ä.). Legen Sie diesen vor sich auf den Tisch. Und jetzt *versuchen* Sie mal, den Gegenstand in die Hand zu nehmen … Los!

Nein!!! Jetzt haben Sie es ja *getan*, Sie haben den Gegenstand in der Hand. Sie sollten es doch nur versuchen! Also noch mal, Gegenstand auf den Tisch zurücklegen. Und jetzt *versuchen* Sie bitte noch mal, den Gegenstand in die Hand zu nehmen.

Neinneinnein! Jetzt haben Sie es ja schon wieder *getan* und haben den Gegenstand in die Hand genommen. Nur *versuchen* war die Aufgabe!

Sie verstehen, worauf das hinausläuft … Sie können sich *entscheiden*, den Kugelschreiber zu nehmen und es dann auch *tun*, oder eben nicht.

Womit wir wieder beim Sprung vom Drei-Meter-Brett wären. Nur »ein bisschen« springen geht nicht. Sie können freilich jede Menge Zeit mit Zögern und Zaudern auf der Leiter verbringen, aber irgendwann müssen Sie sich entscheiden, ob Sie wieder hinuntersteigen, weiter verharren oder eben doch springen möchten. Und Sie können sich nicht nicht entscheiden, was auch immer Sie tun oder nicht tun, es ist eine Entscheidung, es ist *Ihre* Entscheidung und sie hat Konsequenzen für Ihr Leben. Dabei ist keine Entscheidung besser oder schlechter als die andere, aber jede wird Ihr Leben in eine andere Richtung führen, dessen sollten Sie sich bewusst sein.

Und was bedeutet das nun für Ihre Werte und Ziele, für das, was Sie sich vorgenommen haben, für das, was Sie zu Ihrem Wert-vollen Leben hinführt?

Commitmentübung 2: Will ich's wirklich? Schritte zum entschlossenen Handeln

Beantworten Sie die folgenden Fragen für sich, am besten schriftlich:

Mein Wert, den ich umsetzen will ist: ....

Mein erstes (Etappen-)Ziel auf dem Weg dahin ist: ....

Erste konkrete Verhaltensschritte in Richtung meines Ziels sind:

Schritt 1: ....

Schritt 2: ....

Schritt 3: ....

Mögliche Hindernisse auf dem Weg (innere und äußere): ....

Wie kann ich meine Superkräfte dabei einsetzen: ....

Brauche ich noch weitere Unterstützung? ....

Wer oder was kann mir noch dabei helfen: ....

Und hier schließen Sie am besten gleich die nächste Übung an:

Commitmentübung 3: Der winzigste Schritt

Die berühmte Reise von 1000 Meilen beginnt ja bekanntermaßen mit dem ersten Schritt. Oftmals neigen wir dazu, uns zu große Schritte vorzunehmen – und schaffen es dann nicht. Hier ist Frust vorprogrammiert – die meisten guten Vorsätze scheitern an zu großen Schritten. Überlegen Sie sich also: »Was ist der *winzigste* Schritt, den ich heute noch ausführen kann?« Und es soll wirklich der allerallerwinzigste mögliche Schritt sein, der Ihnen einfällt, hier darf auch gerne Ihr Humor zum Einsatz kommen.

Eine Klientin von mir, deren Ziel es war, 10 Kilo abzunehmen (Wert: gesundheitsbewusstes Leben), kam beim gemeinsamen Herumalbern auf die Idee, bei jedem Essen auf ihrem Teller einen Esslöffel voll Essen abzuteilen und übrigzulassen. Das war für sie leicht zu tun und sie setzte es sofort um. Sie fand das so komisch und es brachte sie jedes Mal so zum Lachen, dass sie dadurch anfing, achtsamer zu essen. In der Folge gelang es ihr, bewusst auf ihre Hunger- und Sättigungsgefühle zu achten, ihr Essen sorgfältiger und gesundheitsbewusster auszuwählen und ihre Essensportionen angemessen zu reduzieren.

Mein winzigster erster Schritt auf dem Weg zu meinem Wert/Ziel ist:

....

....

....

Und den führe ich heute noch aus, und zwar (Situation; Ort; Zeit):

....

....

....

Commitmentübung 4: Würzen und genießen

(in Anlehnung an »Flavoring and savouring«, Harris, 2018)

Dies ist eine Übung für jeden Tag:

> Suchen Sie sich jeden Morgen nach dem Aufwachen einen oder zwei ihrer Werte aus. Dies sind Ihre Werte des Tages. Wenn Sie dies bislang noch nicht getan haben, überlegen Sie sich ganz genau, wie Sie diese umsetzen wollen, also wie Sie sich diesen Werten entsprechend *verhalten* wollen. Wovon wollen Sie mehr, wovon weniger tun, was wollen Sie vielleicht zum ersten Mal (wieder) tun? Diese Werte begleiten Sie dann durch Ihren Tagesablauf, indem Sie sich überlegen, wie Sie ihren Tag damit »würzen« können, wie Sie sozusagen den Wert wie ein Gewürz über Ihren Tag streuen können. In welchen Situationen, mit welchen Personen, können Sie den Gewürzstreuer oder vielmehr den »Wertestreuer« hervorholen? Und jedes Mal, wenn Sie es tun, vergessen Sie nicht, es auch zu genießen. Nehmen Sie achtsam wahr, wie es sich anfühlt, Ihre Werte mit Leben zu füllen. Schauen Sie, was Sie dabei erleben. Und würzigen, äääh, würdigen Sie es.

Commitmentübung 5: Ja, ich tu's – Selbstverpflichtung

Manchmal hilft es, wenn man sich ein bisschen selbst überlistet, um dranzubleiben. Gut ist es zum Beispiel, eine Selbstverpflichtung mit sich einzugehen. Die kann ganz verschiedene Formen haben, hier ein paar Beispiele:

- Sie können einen »Vertrag« mit sich schließen, in dem Sie genau festlegen, was Sie wann und wie tun wollen und auch am besten gleich eine Belohnung dafür einbauen.
- Noch wirkungsvoller wird es, wenn Sie sich Weggefährt:innen suchen, Menschen, die Sie auf Ihrem Veränderungsweg begleiten und mit denen Sie Ihre Schritte absprechen. Es geht hier nicht darum, dass diese Menschen Sie kontrollieren sollen, sondern dass sie sozusagen eine »Veränderungspatenschaft« für Sie übernehmen und Sie auf Ihrem Weg unterstützen. Das motiviert und hilft in schwierigen

Phasen, ganz ähnlich wie bei einer Verabredung zum Joggen. So können ganze Veränderungsnetzwerke entstehen.

- Unser Hirn denkt gern in Bildern. Suchen Sie sich daher ein Symbol für Ihren Veränderungsplan aus. Das kann irgendein Gegenstand sein, der diese Veränderung symbolisiert, ein Foto, ein Stein, ein Schlumpf, eine Postkarte, eine Socke, was auch immer (wenn Sie eher ein auditiver Typ sind, z. B. auch ein Musikstück). Nehmen Sie diesen Gegenstand in die Hand, sprechen Sie Ihre Selbstverpflichtung laut aus und platzieren Sie den Gegenstand an einen Ort, wo Sie ihn häufig sehen können. Albern? Ja, vielleicht (Danke, lieber Geist, für diesen Beitrag ...) und jetzt gehe ich *mit* allen diesen Albernheiten meinen Wert-vollen Weg weiter (und dabei ein bisschen über sich selbst zu lachen schadet auch nicht, ganz im Gegenteil!).

Commitmentübung 6: Die Matrix

Dieses Arbeitsmodell kann Sie prima bei der Umsetzung und Anwendung Ihrer Superkräfte unterstützen (s. a. Kapitel 4).

Stolpersteine:

- Der Wert, den Sie verfolgen möchten, ist gar nicht Ihr eigener (sondern von Ihren Eltern, Ihrem Umfeld, von der Gesellschaft übernommen). Das heißt, es ist ein Man-sollte-man-müsste-Wert und ist somit nicht wirklich Wert-voll für Sie. Halten Sie inne und forschen Sie weiter.
- Sie sind nicht mit Herzblut dabei. Um dranzubleiben, auch wenn der Weg mal steinig ist, brauchen wir eine echte innere Motivation. Wenn es nur ein Nice-to-have-Ziel ist, also nach dem Motto »Ja, es wäre schon schön, wenn ich nicht mehr rauchen würde«, »Ja, es wäre schon toll, wenn ich regelmäßig Sport machen würde«, aber kein richtiger Es-liegt-mir-am-Herzen-Wert dahintersteht, dann wird Ihre Motivation nicht ausreichen, um das Ziel zu verfolgen und dafür auch Schwierigkeiten unterwegs in Kauf zu nehmen. Fragen Sie sich: *Brenne* ich wirklich dafür, ist es mir wirklich eine *Herzens-*

angelegenheit? Und bin ich bereit, im Dienste meines Wertes auch Unannehmlichkeiten in Kauf zu nehmen? Wenn nicht, ist es Ihnen vielleicht doch nicht so wichtig oder es ist vielleicht jetzt noch nicht der richtige Zeitpunkt.

- Gibt es eine »Hidden Agenda«, einen versteckten Beweggrund? Das bedeutet: Wollen Sie Ihren Wert wirklich verfolgen oder gibt es womöglich noch einen Wert hinter dem Wert? Das kann beispielsweise ein nicht deklariertes Ziel sein. Ein Beispiel: Ein Klient kam mit dem Wert Autonomie, eigenständiges Leben. Dazu war sein Ziel, sich von seiner Familie abzugrenzen. In unserer gemeinsamen Arbeit haben wir dann jedoch bald herausgefunden, dass der eigentliche Auftrag dahinter lautete: »Ich will, dass sich meine Familie ändert und mich wahrnimmt und wertschätzt.« Der Wert Autonomie mit dem Ziel Abgrenzung von der Familie war zunächst nur vordergründig, der eigentliche Wert des Klienten war es, Anerkennung und Wertschätzung von seiner Familie zu erhalten. Nun konnten wir freilich seine Familie nicht verändern. Dies zu erkennen und zu akzeptieren war ein schmerzlicher Prozess, setzte aber bei dem Klienten nach anfänglicher Wut und Trauer jede Menge Energie und Motivation frei, sich um seine eigentlichen Werte zu kümmern.
- Sie haben einen Payoff, einen Sekundärgewinn aus Ihrem bisherigen Verhalten. Ein Beispiel: Eine Klientin wollte: »gelassener sein und mich nicht mehr so aufregen« (Werte: Beziehung und Nähe, gute Partnerschaft, Familienleben). Obwohl ihr Familienleben, insbesondere die Beziehung zu Ihrem Partner und ihren Kindern, unter ihren Wutausbrüchen bereits erheblich gelitten hatte, ergaben sich für die Klientin aber kurzfristig (!) große Vorteile durch ihre Wutausbrüche. Sie bekam Aufmerksamkeit, Ihre Familie »spurte« jedes Mal, vieles wurde von anderen für sie erledigt, der Partner tat alles, um ihre Wutanfälle zu vermeiden etc. Wen überrascht es, dass ihre Motivation, »Gelassenheit« wirklich zu erreichen und umzusetzen, eher gering ist. Seien Sie hier schonungslos ehrlich zu sich selbst, wir ziehen meist mehr verdeckte kurzfristige Vorteile aus unserem Verhalten, als wir uns zunächst selbst eingestehen wollen.

- Es tauchen schwierige Gedanken und/oder Gefühle auf. Das können zum Beispiel Ängste sein wie: »Ich schaff das nicht«, oder resignative Gedanken wie: »Ich hab das schon so oft probiert«, oder auch Befürchtungen wie: »Ich mach mich lächerlich« oder: »Was, wenn es wieder schiefläuft?«. Ja, klar, das ist ganz natürlich, denn sobald wir unsere Werte in Handlungen umsetzen, können alle möglichen Ängste, Befürchtungen und die dazugehörigen Vermeidungsimpulse auftauchen. Genau das zeigt Ihnen, dass Sie auf dem richtigen Weg sind, dass Ihnen am Herzen liegt, was Sie tun. Denn wenn es Ihnen nicht wirklich wichtig wäre, würden all diese Barrieren nicht auftauchen. Nehmen Sie es also zur Kenntnis – Sie wissen ja mittlerweile, wie unser Geist so funktioniert und dass wir uns davon nicht unbedingt beeindrucken oder gar an etwas hindern lassen müssen –, erinnern Sie sich an die Monster am Wegesrand (Kapitel 3.4). Nehmen Sie Ihre Monster freundlich an der Hand und wandern Sie mit ihnen weiter in Ihre Wert-volle Lebensrichtung.
- Es gibt äußere Barrieren/Hindernisse. Diese können finanzieller, rechtlicher, körperlicher Natur sein, es können aber auch mangelnde Fähigkeiten oder Fertigkeiten sein. Schauen Sie, ob es nötig ist, diese Barrieren aus dem Weg zu räumen (als Teilziele auf Ihrem Weg). Schauen Sie, ob Sie dies alleine schaffen oder ob Sie dabei Hilfe benötigen. Auch das kann ein wichtiges (Etappen-)Ziel auf dem Weg sein, dies zu erkennen und sich Hilfe zu holen.
- Die gewählten Schritte sind zu klein oder zu groß.
- Der innere Schweinehund meldet sich. Wir alle sind Gewohnheitstiere und die Bequemlichkeit alter Verhaltensmuster ist nicht zu unterschätzen. Machen Sie es sich daher nicht schwerer als nötig. Wie bereits erwähnt, hilft es enorm dabei neue Gewohnheiten zu etablieren, wenn die Schritte nicht zu groß sind, und auch, wenn wir diese neuen Verhaltensmuster an Tätigkeit anknüpfen, die wir ohnehin jeden Tag ausführen, z. B. nach der morgendlichen Tasse Kaffee gleich ein Stück Obst zu essen oder immer mittwochs gleich vom Büro aus ins Fitnessstudio zu gehen. Hilfreich ist es immer, Entscheidungsprozesse zu minimieren (jede Entscheidung verbraucht

Energie), also z. B. die Sporttasche schon gepackt hinstellen oder mit ins Büro zu nehmen …

- Rückfälle. Ja, wird es geben. Na und? Es ist nicht entscheidend, dass es keine Rückfälle gibt, sondern wie wir damit umgehen. Schon Sir Winston Churchill wusste: »Success is not final. Failure is not final. It is the courage to continue that counts.« Recht hatte er. Fragen Sie sich: Kann ich weiterhin auf meine Werte zugehen, auch wenn unterwegs Schwierigkeiten auftauchen oder ich mich verlaufe? Kann ich mich wieder und wieder entscheiden, in die für mich wertvolle Richtung zu gehen? Ja? Dann los!
- Und – last but not least – bei alledem: Gehen Sie mit Humor an die Sache heran, Veränderung kann Spaß machen. Und gehen Sie freundlich mit sich selbst um (s. a. Esel-Metapher in Kapitel 4).

4 Was sonst noch hilfreich ist: Selbstmitgefühl, die Matrix, die Pausentaste

True happiness and true power lies in understanding and accepting yourself.
(Thich Nhat Hanh)

4.1 Selbstmitgefühl oder sich selbst ein:e gute:r Freund:in sein

Stellen Sie sich vor, Sie haben einen wirklich schlechten Tag. Alles kommt zusammen, das Leben meint es einfach gerade nicht gut mit Ihnen. Sie fühlen sich müde und ausgelaugt: Vielleicht haben Sie Angst oder Schmerzen, sind erschöpft und denken, dass die Welt gerade richtig gemein und ungerecht zu Ihnen ist. Glücklicherweise kommen zwei Freund:innen zu Besuch. Die/der eine bleibt an der Tür stehen und ruft Ihnen entgegen: »Mensch, jetzt heulst du schon wieder rum. Reiß dich doch mal zusammen. Immer hört man von dir nur Gejammer. Anderen Leuten geht es noch viel schlechter als dir. Ich mag mir das gar nicht mehr anhören. So wirst du nie irgendwas schaffen. Du musst dich einfach mal zusammenreißen.« Die/der andere setzt sich zu Ihnen, nimmt Ihre Hand und sagt: »Oh Mann, da kommt ja wirklich grad einiges zusammen bei dir. Das ist nicht leicht, da hätte wohl jede:r zu kämpfen. Ich möchte, dass du weißt, dass ich für dich da bin. Ich unterstütze dich und zusammen schaffen wir das.«

Nun stellen Sie sich folgende Fragen:

- Welche:n Freund:in hätten Sie lieber zur Unterstützung in schweren Zeiten?
- Welche Reaktion wird Ihnen eher weiterhelfen?
- Und was für ein:e Freund:in sind Sie sich selbst?

Besonders wenn wir uns der letzteren Frage widmen, stellen wir oftmals fest, wie hart wir zu uns selbst sind, wie streng – und ja, böse und gemein – wir oftmals den ganzen Tag mit uns selbst reden.

Schon im vorletzten Jahrhundert stellte der Schriftstelle Henry James fest: »Three things are important in human life. The first is to be kind. The second is to be kind. And the third is to be kind.« Und das gilt natürlich nicht nur für den Umgang mit anderen, sondern ganz genauso für den Umgang mit uns selbst. Selbstmitgefühl bedeutet, Freundschaft mit sich selbst zu schließen.

Sich selbst freundlich und wohlwollend zu begegnen und sich um das eigene Wohlergehen zu kümmern, stellt für viele von uns eine Herausforderung dar, oder gar ein Tabu.

Dabei ist Selbstmitgefühl im Kern ein recht einfaches und leider in den westlichen Kulturen maßlos unterschätztes – und wenig gelebtes – Konzept. Leider fällt es uns vielfach leichter und ist sogar sozial akzeptierter, uns um andere zu kümmern als für uns selbst zu sorgen. Und dabei schließt das eine das andere ja gar nicht aus. Im Gegenteil, es ist ein bisschen so wie mit den Sauerstoffmasken im Flieger: Erst die eigene aufsetzen, dann den Mitreisenden helfen.

Zu Recht werden Sie jetzt vielleicht einwenden, dass das Selbstmitgefühl ja auch in diesem Modell keine eigene Superkraft ist. Ja stimmt, es ist jedoch so, dass die Grundhaltung des Selbstmitgefühls immer mit einfließt, es ist sozusagen die Basis all Ihrer Superkräfte. Daher bekommt es an dieser Stelle auch ein eigenes, wenn auch kurzes Kapitel.

Selbstmitgefühl ist eng mit Selbstakzeptanz verwandt. Es bedeutet, die eigenen schmerzvollen Erfahrungen, das eigene Leid, und ja, auch die eigenen »Schattenseiten«, anzunehmen und dabei freundlich, mitfühlend und fürsorglich mit sich selbst umzugehen.

In jedem Leben treten schwierige Phasen auf, Schmerz und Leid bleiben nicht aus. Wir alle erleben Verluste, Trauer, Enttäuschungen, Schmerzen, Krankheiten, Zurückweisungen, Scham, Schuld, Angst, Konflikte und so weiter. Selbstmitgefühl bedeutet, dieses eigene Leid anzuerkennen und freundlich, liebenswürdig und gütig damit umzugehen. So wie man mit dem Leid und dem Schmerz eines Kindes, eines kleinen verletzlichen Tieres oder einer geliebten nahestehenden Person umgehen würde.

Die meisten Menschen aus unserem Kulturkreis haben traurigerweise nicht viel Übung im freundlichen, liebenswürdigen, mitfühlenden, wertschätzenden Umgang mit sich selbst. Bei den meisten von uns ist die innere:r Kritiker:in nur zu aktiv. Ein wesentliches Element des Selbstmitgefühls ist es, sich vom Geplapper diese:r inneren Kritiker:in zu lösen. Von den ganzen Ich-bin-nicht-gut-genug-Geschichten, den Kein-Wunder-dass-mich-keiner-lieb-hat-Geschichten, den Ich-genüge-nicht-Geschichten, den Wenn-die-anderen-wüssten-wie-ich-wirklich-bin-Geschichten, den Ich-bin-nichts-wert-Geschichten. Und stattdessen freundlich, geduldig, mitfühlend und selbstfürsorglich mit sich selbst umzugehen. Eigentlich kein ungeheuerliches Ansinnen, sondern etwas ganz Normales. Sollte man meinen. Dennoch ist diese Haltung sich selbst gegenüber für die meisten von uns alles andere als selbstverständlich. Die gute Nachricht ist: Wir alle können diese innere Haltung kultivieren. Sie vermuten es sicher schon: Hier kommen unsere Superkräfte ins Spiel.

Wenn Ihnen jetzt Gedanken kommen wie »Oh Mann, das ist ja was für Weicheier« oder »Dieses esoterische Piep-piep-wir-haben-uns-alle-lieb« oder »Das ist nichts für mich, ich hab schließlich ein gutes Selbstbewusstsein und hab so was nicht nötig« oder »Wenn ich mich nicht mehr kritisiere oder antreibe, dann geht nichts mehr voran«, dann ist das völlig in Ordnung. Bei vielen von uns führt der Begriff Selbstmitgefühl zu innerem Augenrollen oder Ablehnung, weil wir negative oder irreführende Konnotationen damit verbinden, weil wir es für esoterisch halten, weil es nur etwas für Weichlinge ist, weil man dann ja nichts mehr schaffen würde, wenn man sich nicht mehr andauernd in den Hintern tritt und so weiter. Ja, mag alles sein, und wie auch vorher schon sollen Sie mir nichts einfach glauben, sondern für sich selbst überprüfen. Können Sie alle diese Gedanken haben und sich *mit* all diesen Gedanken für eine Weile auf das Konzept des Selbstmitgefühls einlassen, um es für sich zu überprüfen? Dann los:

Zunächst ein bisschen Hintergrund. Kristin Neff, eine der führenden Forscherinnen auf diesem Gebiet, beschreibt drei wesentliche Elemente des Selbstmitgefühls: Selbstfreundlichkeit, gemeinsames Menschsein und Achtsamkeit. Vielleicht ist es an dieser Stelle aber einfacher, erst einmal zu klären, was Selbstmitgefühl alles *nicht* ist, nämlich:

»Sich gehen lassen.«

Selbstmitgefühl heißt auf gar keinen Fall, sich gehen zu lassen oder sich selbst alles durchgehen zu lassen wie einem verwöhnten Kind, nach dem Motto: »Heute hatte ich so einen schweren Tag, meine Chefin war gemein zu mir, jetzt habe ich es verdient, den ganzen Abend auf dem Sofa abzuhängen und Schokolade zu essen.« Ganz im Gegenteil, denn Selbstmitgefühl bedeutet, dass ich gut und sorgsam mit mir umgehe, was letztlich heißt, dass ich Dinge tue, die mir *langfristig* guttun, und nicht Dinge, die mir kurzfristig zwar Erleichterung verschaffen mögen, mir aber langfristig schaden und mich nicht in Richtung meiner Werte führen. (Was aber natürlich nicht heißen soll, dass man es sich nicht auch mal gönnen darf, auf dem Sofa zu liegen und sich mit Schokolade vollzustopfen).

Selbstmitgefühl versus Selbstmitleid

Selbstmitgefühl bedeutet auch keinesfalls, sich in Selbstmitleid zu ergehen. Gedanken wie »Ich armes Schwein, die Welt ist so böse zu mir« können einem zwar auch mal kurzfristig (!) ganz guttun, sind aber weit entfernt von echtem Selbstmitgefühl und Selbstfürsorge. Denn im Selbstmitleid sind wir ganz und gar in unserem eigenen persönlichen Drama gefangen und fühlen uns von den anderen und der Umwelt getrennt. Sie werden das vielleicht kennen, man kann sich da wunderbar hineinsteigern und sich als der ärmste kleine Wurm auf der Welt fühlen. Das hat zur Folge, dass wir nicht mehr sehen können, dass andere Menschen mit ähnlichen Problemen kämpfen – dass wir damit nicht allein sind; dass wir diese Probleme vielleicht haben, weil es ganz normal ist, diese Probleme zu haben, weil wir eben Menschen sind. Insofern unterscheidet sich Selbstmitleid ganz fundamental von echtem Selbstmitgefühl, weil wir uns hier in unserem Menschsein und menschlichen Leiden mit anderen verbunden fühlen.

Selbstmitgefühl versus Selbstwertgefühl

Selbstwertgefühl beinhaltet, wie der Name schon sagt, ein Gefühl der Wertigkeit, es beinhaltet Bewertung und Vergleich. Selbstmitgefühl hingegen ist vollkommen wertfrei. Das ganze Konzept des Selbstwertes kann problematisch sein und per se zu viel Leid führen. In unserem Kulturkreis definiert sich der Selbstwert in erster Linie durch Vergleich mit anderen[15], durch ein Besser-Sein, durch ein Hervorstechen, oftmals geknüpft an das Erbringen von Leistung. Es wird uns suggeriert, dass es nicht in Ordnung ist, durchschnittlich zu sein, »normal« zu sein. Um uns gut zu fühlen, müssen wir besser sein oder zumindest irgendwie besonders oder wenigstens ganz viel leisten. Es kann sogar heißen, dass wir nur akzeptiert und geliebt werden, wenn wir Leistung erbringen. Liebe, Wertschätzung und Anerkennung müssen in diesem Konzept erst verdient werden, es genügt nicht, einfach als Mensch da zu sein. Als Mensch mit allen unseren Stärken und Schwächen, die wir haben. Dies führt unweigerlich dazu, dass Schwächen der eigenen Person nicht angenommen werden können. Es führt auch dazu, dass man ständig an sich arbeiten muss (Stichwort Selbstoptimierung) und man niemals genügt.[16] Letztlich führt ein solches Konzept auch dazu, dass unser Selbstwertgefühl von äußeren Erfolgen und Misserfolgen abhängt und entsprechend der jeweiligen Umstände und Rückmeldungen aus unserem Umfeld schwankt. Also eine recht wackelige Angelegenheit. Selbstmitgefühl hingegen fußt nicht auf Bewertung oder Vergleich. Es erfordert keine Leistung, es stellt keine Bedingungen, es muss nicht verdient werden (Jaaaa, an dieser Stelle dürfen wir alle mal durchschnaufen). Es ermöglicht uns daher, die eigene Persönlichkeit in

15 Was heutzutage oftmals noch durch Social Media verstärkt wird. Steven Hayes zum Beispiel spricht vom Handy als dem »social comparison tool«, dem Werkzeug zum Sozialvergleich (Hayes, 2020).

16 Nicht falsch verstehen: Als Psychotherapeutin bin ich durchaus eine Freundin des Konzepts, an sich zu arbeiten und Dinge zu verändern, um persönlich zu wachsen. Auch dieses Buch handelt ja von persönlichen Veränderungen. Dies sollte aber immer orientiert an den eigenen Werten erfolgen und auf dem Boden einer echten und authentischen Wertschätzung des eigenen Selbst. Dies ist ohne umfassende Selbstakzeptanz, also Annahme aller Aspekte des eignen Selbst, nicht möglich.

ihrer Gesamtheit, mit allen Facetten anzunehmen und uns selbst mit authentischer und liebevoller Wertschätzung zu begegnen.

Selbstmitgefühl ist eine freundliche, geduldige, wertschätzende, mitfühlende und selbstfürsorgliche Hinwendung zu sich selbst, nicht mehr und nicht weniger. Denn, wie auch schon Viktor Frankl festgestellt hat: »Der Mensch muss sich nicht alles gefallen lassen, auch nicht von sich selbst.«

Wie können wir Selbstmitgefühl kultivieren?

Erst einmal, indem wir uns dafür entscheiden. Uns dafür entscheiden, anders mit uns selbst umzugehen, als wir das bisher gewohnt sind. Fragen Sie sich: Möchte ich mich in diesem Leben, in dem ich vieles sein kann, dafür entscheiden, *freundlich* zu mir zu sein?

- **Perspektivenwechsel:**
  Das funktioniert besonders gut, wenn Sie einen stark abwertenden »inneren Kritiker« haben, also oftmals ungeduldig, hart und unfreundlich mit sich selbst sprechen, sich oft selbst fertig machen. Wenn Sie sich dabei erwischen, nehmen Sie eine andere Perspektive ein und stellen Sie sich vor, dass Sie genau so, mit denselben Worten, in derselben Tonart zu einem kleinen Kind sprechen würden oder zu eine:r guten Freund:in. Würden Sie das genauso tun? Und was würde passieren? Und wenn nicht, warum nicht? Und warum sprechen Sie dann so zu sich selbst? Und was können Sie stattdessen zu sich selbst sagen? Wie können Sie freundlich mit sich umgehen?
- **Selbstmitgefühlsmeditationen:**
  Es gibt jede Menge Meditationen zu diesem Thema mit unterschiedlichen Schwerpunkten. Und keine Angst, das ist gar nichts Esoterischen, es ist nur eine Fokussierung des Geistes. Eine gute Auswahl, und auch zusätzliche Übungen, findet man im *Übungsbuch Selbstmitgefühl* von Kristin Neff & Christopher Germer (2020). Bekannt und bewährt ist z. B. auch die Metta-Meditation aus dem Buddhismus. Es gibt verschiedene Variationen dieser klassischen Meditation und Sie können sie selbstverständlich auch für sich anpassen. Hier ein kurzes Übungsbeispiel, das an die Metta-Meditation angelehnt ist:

Suchen Sie sich ein ruhiges Plätzchen und richten Sie sich bequem ein. Wenn Sie mögen, können Sie die Augen schließen. Atmen Sie ein paarmal ganz entspannt in Ihrem eigenen Rhythmus.
Richten Sie Ihre Aufmerksamkeit nun auf den Bereich Ihres Herzens. Stellen Sie sich vor, wie Ihr gesamter Brustkorb von Licht und Wärme durchflutet wird. Ihr Herz öffnet sich wie eine Knospe hin zur Sonne und wird groß und weit. Spüren Sie den Herzschlag in Ihrer Brust pulsieren und genießen Sie Ihren eigenen Rhythmus.
Sagen Sie sich nun: »Möge ich glücklich sein.«
Lassen Sie diese Worte tief in sich einsinken. Nehmen Sie alle aufkommenden Gefühle wahr und genießen Sie diese liebevolle Haltung sich selbst gegenüber.
Wenn Sie so weit sind, sagen Sie zu sich: »Möge ich mich sicher und geborgen fühlen.« Nehmen Sie auch diesen Wunsch in Ihr Herz auf.
Sagen Sie nun zu sich selbst: »Möge ich gesund sein.«
Wenn auch dieser Satz in Ihrem Herzinneren angekommen ist, dann sagen Sie zu sich: »Möge ich sorgenfrei und in Frieden leben.« Nehmen Sie sich Zeit, Mitgefühl für sich selbst zu entwickeln.
Wenn Sie sich so weit fühlen, dann wiederholen Sie diese Sätze für einen anderen Menschen. Am besten Sie beginnen mit einem Menschen, der Ihnen nahesteht. Stellen Sie sich diesen Menschen möglichst genau vor und lassen Sie das innere Bild auf sich wirken. Spüren Sie Ihre Wertschätzung und Zuneigung diesem Menschen gegenüber. Dann wiederholen Sie die Sätze für diesen Menschen:
»Mögest du glücklich sein.«
»Mögest du dich sicher und geborgen fühlen.«
»Mögest du gesund sein.«
»Mögest du sorgenfrei und in Frieden leben.«

Sie können die Übung an dieser Stelle beenden oder noch weiterführen, indem Sie zunächst Ihr Mitgefühl auf Menschen ausweiten, die keine starken Gefühle in Ihnen wecken, neutrale Personen wie z. B. der/die Verkäufer:in oder der/die Busfahrer:in. Wenn Sie mit Freude freundlich zu Fremden sind, dann wird Ihr Lächeln großzügig zu Ihnen zurückkommen.
Die größte Herausforderung ist es, einer Person etwas Gutes zu wünschen,

zu der Sie eine schwierige Beziehung haben. Wenn Sie mögen, können Sie die Meditation auch noch auf einen Menschen ausweiten, mit dem Sie Streit hatten oder der Ihnen geschadet hat. Lassen Sie sich dafür Zeit und tasten Sie sich langsam heran. Spüren Sie Ihre Grenzen, Ihre Wut, Ihren Widerwillen, Ihren Hass und vielleicht auch Ihre Angst.

Zum Schluss wechseln Sie noch einmal die Perspektive. Machen Sie sich bewusst, dass alle Menschen versuchen, glücklich zu sein. Lassen Sie sich von ihrem Leid berühren. Verlangen Sie nicht zu viel auf einmal von sich, gehen Sie in Ihrem eigenen Tempo vor – so wie es sich für Sie stimmig anfühlt.

Stellen Sie sich nun vor, dass Sie ein Teil das großen Ganzen sind. Weiten Sie Ihr Mitgefühl auf die ganze Welt aus, auf alle Menschen, alle Tiere und Pflanzen, alle Welten und auf das ganze Universum. Wiederholen Sie die Sätze für alle Lebewesen:

»Mögen alle Lebewesen glücklich sein.«

»Mögen alle Lebewesen frei sein von Leid.«

»Mögen alle Lebewesen gesund sein.«

»Mögen wir alle sorgenfrei und in Frieden leben.«

Richten Sie Ihre Aufmerksamkeit nun auf Ihren Atem und kommen Sie wieder mit Ihrer Aufmerksamkeit ins Hier und Jetzt und Ihre Umgebung zurück.

Und es gibt noch viele andere Dinge, die wir für uns selbst tun können, die unseren Umgang mit uns selbst verbessern, die unseren Energielevel heben, unsere Stimmung aufhellen und die insgesamt unser Wohlergehen steigern. An dieser Stelle ein paar kurze Impulsfragen zur Selbstfürsorge:

- Essen Sie gut, gesund und regelmäßig? Oder neigen Sie eher dazu, das Essen zu vergessen, schnell mal zwischendrin im Stehen was »einzuschieben«? Oder denken Sie vielleicht gar, Essen ist nicht so wichtig und für Sie allein lohnt es sich auch nicht, etwas Schönes zuzubereiten?
- Schlafen Sie ausreichend und erholsam?
- Machen Sie genügend Pausen? *Dürfen* Sie sich ausruhen?
- Haben Sie genügend Bewegung?
- Gehen Sie gut mit Ihrem Körper um? Auch der Körper will gepflegt

und umsorgt werden. Er mag es nicht, wenn ihm schädliche Substanzen wie Alkohol, Zigaretten oder andere Drogen zugeführt werden oder er sonst wie vernachlässigt wird.

- Lachen Sie genügen? Humor hilft in vielen Lebenslagen! Lachen tut nicht nur gut, sondern kann auch die nötige Distanz schaffen. Manchmal ist es hilfreich, uns selbst und die Welt um uns herum nicht allzu ernst zu nehmen. Hierzu möchte ich Ihnen auch meinen Lieblingsspruch (aus dem Zen-Buddhismus) nicht vorenthalten: »Handle stets so, als ob von deinem Handeln der Fortbestand des Universums abhinge – und lache dabei über dich selbst, weil du glaubst, dass irgendetwas, was du tust, einen Unterschied macht.« Es ist also durchaus gut und sinnvoll, uns um die Dinge, die uns wichtig sind, zu bemühen und das zu verfolgen, was uns am Herzen liegt, aber nicht verkrampft und verbissen.

Wie auch immer Sie die Fragen für sich beantwortet haben, tun Sie nichts, nur weil es hier in diesem Buch steht – schauen Sie, was *für Sie* funktioniert. Und: Der beste Zeitpunkt mit Selbstmitgefühl und Selbstfürsorge zu starten ist …

… jetzt!

Zum Schluss noch eine kleine Geschichte zum Nachdenken: *Von Eseln, Karotten und Stöcken* (nach Harris, 2019)

Der Esel ist ein Tier, das oft schwer arbeitet, Lasten schleppt und dergleichen. Manchmal wird ihm das zu schwer und er mag nicht mehr und bleibt stehen. Jetzt haben wir die Wahl, wie wir ihn motivieren wollen. Wir können den Stock herausholen und den Esel schlagen. Vermutlich wird er sich früher oder später in Bewegung setzen (nicht zwingend allerdings, denn Esel sind ja sprichwörtlich stur). Auf jeden Fall wird man am Ende einen ziemlich geschundenen Esel haben. Alternativ können wir den Esel mit Karotten motivieren. Nicht, dass ich Sie mit einem Esel vergleichen möchte, aber was meinen Sie, was langfristig besser funktioniert (und mehr Freude macht)?

4.2 Die Matrix und der Autopilot

Ich könne mich jetzt darüber ärgern.
Ich bin aber nicht dazu verpflichtet.
(Büro-Weisheit)

Die Matrix ist ein ganz tolles Werkzeug, um Ihnen zu helfen, den Autopiloten auszuschalten und Ihre Superkräfte im Alltag einzusetzen, diese zu üben und neue Gewohnheiten daraus zu machen. So wird es Ihnen immer schneller und leichter gelingen, Ihre Superkräfte auch wirklich anzuwenden, bis es Ihnen so in Fleisch und Blut übergegangen ist, dass Sie gar nicht mehr darüber nachdenken müssen.

Wir alle haben ihn, unseren Autopiloten, und das ist auch gut so. Er ist uns bei vielen alltäglichen Dingen hilfreich, die wir so erledigen können, ohne groß darüber nachzudenken, ganz automatisch eben. Dazu gehören die meisten alltägliche Dinge wie zum Beispiel Kaffee kochen, Zähne putzen, Schuhe binden, aus dem Sessel aufstehen, gehen. So spart uns der Autopilot an all diesen Stellen viel Energie.

Manchmal aber ist der Autopilot uns nicht nützlich. Zum Beispiel, wenn wir »automatisch« in alten Mustern festhängen und Dinge tun, die uns nicht guttun. Der Autopilot ist das Gegenteil von Achtsamkeit. Bei vielen Gelegenheiten ist es besser für uns, in den manuellen Modus umzuschalten und sozusagen selbst das Steuer zu übernehmen, um unser Lebensschiff ganz bewusst steuern zu können.

Um den Autopiloten bei Bedarf abzuschalten, müssen wir uns seiner also zunächst einmal bewusst sein, das heißt, wir müssen es erst einmal bemerken, dass wir auf Autopilot laufen, wir müssen es wahrnehmen, und zwar in dem Moment, wo es passiert.

Die Matrix hilft Ihnen dabei. Sie hilft Ihnen, ganz bewusst wahrzunehmen, wann Sie in alten, nicht hilfreichen Mustern, Gewohnheiten oder in Vermeidungshandlungen feststecken, die Sie von Ihren Werten wegführen. Die Matrix ist sozusagen Ihre Pausentaste, Ihr Achtsamkeitsschalter. Sie ermöglicht Ihnen vom (automatischen) Re-Agieren zum Werte-gerichteten Handeln zu kommen.

In dem Maße, in dem Sie lernen, die Pausentaste zu drücken, also Ihren Autopiloten bei Bedarf abzuschalten, gewinnen Sie Handlungsfreiheit – Freiheit, die Werte in Ihrem Leben anzusteuern, die Ihnen wichtig sind.

Die Matrix konzentriert sich dabei auf das Tun, also unser Verhalten. Wenn Sie einmal einen Moment darüber nachdenken, dann ist es letztlich unser Verhalten, das maßgeblich unsere Lebensqualität und unsere Lebenszufriedenheit bestimmt. Ja klar, schönes Wetter und ein Swimmingpool können auch dabei helfen, aber kommt es für ein zufriedenes und erfüllendes Leben nicht letztlich darauf an, das zu verfolgen, was uns am Herzen liegt? So zu handeln, wie es uns entspricht, uns so verhalten zu können, wie wir wirklich sein und leben wollen? Das tun zu können, was uns wirklich wichtig ist? Der Mensch zu sein, der wir wirklich sein wollen? Genau dabei hilft Ihnen die Matrix: den Autopiloten ausschalten zu lernen und dann Ihre Superkräfte einzuschalten und die Richtung zu ändern. Nicht mehr, nicht weniger.

Und so sieht die Matrix aus:

Auf den ersten Blick kann die Matrix etwas verwirrend sein, daher lassen Sie sie uns Schritt für Schritt anschauen.

Manche unserer Handlungen können unser Leben in eine für uns Wert-vollere Richtung führen, andere führen uns aber auch direkt in die Gegenrichtung, also weg von dem, was uns wichtig ist. Diese zwei Arten der Handlung werden in der Matrix als »Hin-zu-Handlung« bzw. »Weg-von-Verhalten« bezeichnet.

Die untere Hälfte der Matrix (also Quadrant 1 und 2) steht für unser inneres Erleben, also Gedanken, Empfindungen, Gefühle, Erinnerungen, Bewertungen und so weiter.

Die obere Hälfte (also Quadrant 3 und 4) steht für die Außenwelt, also alles, was sich außerhalb unseres Körpers befindet und was wir mit unseren Sinnen wahrnehmen können.

Auf der linken Seite befinden sich unsere persönlichen inneren Monster, also alle unsere schwierigen Gedanken und Gefühle (Quadrant 2) und alles was wir tun, um diese Gedanken und Gefühle zu vermeiden und somit unseren Monstern aus dem Weg zu gehen (Quadrant 3). Das nennen wir Weg-von-Verhalten.

Auf der rechten Seite sehen wir unsere Werte, das, was uns in unserem Leben wichtig ist (Quadrant 1), und alles, was wir tun (oder unterlassen), um uns in Richtung unserer Werte zu bewegen (Quadrant 4). Das nennen wir Hin-zu-Handlungen.

Und – ganz wichtig – wer befindet sich im Mittelpunkt all diesen Geschehens? Wer kann dies alles wahrnehmen, sortieren und dann entscheiden? Nur Sie selbst natürlich. Sie befinden sich im Mittelpunkt als »ich – hier – jetzt«.

Wie kann Ihnen die Matrix jetzt konkret helfen?

Wenn wir jetzt schrittweise durch die Matrix gehen, können Sie dazu gleich das Matrix-Arbeitsblatt am Ende dieses Kapitels nutzen.

Beginnen Sie mit dem Quadranten 1 rechts unten, dem »Herzquadranten«. Hier geht es um Ihre persönlichen Werte. Sie erinnern sich: Was ist Ihnen wirklich wichtig, was liegt Ihnen am Herzen, wofür wollen Sie Ihre Zeit und Energie einsetzen? Diese Werte können Sie nun gleich in das Matrix-Arbeitsblatt eintragen. Sie können dabei für jeden Ihrer Werte ein eigenes Arbeitsblatt verwenden oder auch gleich alle Ihre Werte eintragen.

Dann kommt der zweite Quadrant. Hier geht es um unser inneres Erleben. Oftmals tauchen, sobald wir uns in Richtung unserer Werte bewegen, innere Hindernisse auf, und unser ganz persönliches Angst-, Kontroll- oder Vermeidungsmonster stellt sich uns in den Weg. Schauen Sie, welche schwierigen Empfindungen, Gedanken und Gefühle für Sie auftauchen, die es Ihnen schwer machen, auf Ihre Werte zuzugehen. Das können zum Beispiel Gedanken sein wie: »Ich bin nicht gut genug«, »Ich schaff das nie«, »Ich werde mich lächerlich machen«, »Die anderen finden mich blöd«, »Ich weiß noch nicht genug«. Oder unangenehme Gefühle wie Angst, Scham, Wut, Hilflosigkeit, Trauer usw. Oder auch Empfindungen wie verkrampfte Nackenmuskeln, Herzklopfen, Knoten im Magen, Schweißausbruch usw. Seien Sie ehrlich zu sich selbst und vertrauen Sie der Matrix alles an, auch und gerade die inneren Monster, die Ihnen peinlich sind oder die Sie lächerlich finden. Und wenn dabei der innere Kritiker in Aktion tritt und selbstabwertende Gedanken produziert wie: »Typisch für mich, ich bin halt ein Loser«, »Ich hab schon so viel versucht, das wird doch nie etwas«, »Ich bin so dumm«, dann können Sie diese auch gleich bei den inneren Monstern aufschreiben.

Im dritten Quadranten geht es um unser (oftmals hochautomatisiertes) Weg-von-Verhalten. In dem Moment, in dem nämlich diese ganzen inneren Hindernisse aus dem zweiten Quadranten auftauchen, möchten wir am liebsten weglaufen oder das ganze unangenehme Erleben kontrollieren oder »wegmachen«, also – wie auch immer – vermeiden. Das ist ganz natürlich und menschlich. Schauen Sie sich also ganz genau an, was Sie alles tun (oder eben auch nicht tun), um damit Ihren unangenehmen Gedanken und Gefühlen aus dem Wege zu gehen, und schreiben Sie es in den dritten Quadranten. Vermeidungsstrategien gibt es ohne Ende (s. a. die Beispielliste in Kapitel 3.1 »Am Anfang: Kreative Hoffnungslosigkeit«). Und seien Sie auch hier ehrlich zu sich selbst und schreiben Sie wirklich alles auf.

Im vierten Quadranten schließlich geht es um Hin-zu-Handlungen, also darum, welche Schritte Sie tun können und wollen – und welche Sie vielleicht in der Vergangenheit schon getan haben und auch immer wieder tun –, die Sie in Richtung Ihrer Werte führen.

Damit Sie sich das besser vorstellen können, hier zwei Beispiele:

Weg-von-Verhalten: Eis, Chips und Schokolade einkaufen. Schnell zwischendurch essen Überstunden machen, anstatt zum Sport zu gehen Fernsehmarathon (Couch-Potato) Fertiggerichte und Fast Food essen Sich selbst bemitleiden Ausreden erfinden	**Hin-zu-Verhalten:** Gepackte Sporttasche bereitstellen Sporttasche mit zur Arbeit nehmen und gleich nach der Arbeit ins Studio gehen Feste Zeiten für Sport einplanen Mit Freunden zum Joggen verabreden Gesunde Lebensmittel einkaufen Obst bereitstellen Zeit zum Essen bewusst einplanen Selbst kochen Freunde zum Essen einladen
Schwierige Gedanke, Gefühle, Empfindungen: Selbstkritik, geringer Selbstwert, Selbstmitleid, Faulheit, mir selbst Druck machen »Ich kann das nicht«, »Ich schaff das nie«, »Warum ist es so anstrengend«, »Es sollte doch Spaß machen«, »Ich habe keine Lust«, »Warum schaffen die anderen das alle?«, »Ich bin halt einfach nicht sportlich«, »Ich habe keine Disziplin«	**Werte – Was mir wichtig ist:** Gesundheitsbewusst leben Regelmäßig Sport machen Mich gesund ernähren

Weg-von-Verhalten: Gereizte Antworten, »genervt« sein, Herumschreien, Vorwürfe machen, mich zurückziehen, fernsehen, mich in andere Aufgaben flüchten, Kühlschrank leer essen, mich überlasten, Arbeit vom Büro mit nach Hause nehmen, niemand um Hilfe bitten …	**Hin-zu-Verhalten:** Zeit einplanen, um mit meinen Kindern zu spielen Pünktlich von der Arbeit weggehen Hausarbeit mal liegen lassen Kinder fragen, was sie gern tun möchten Mit Kindern Dinge unternehmen, die mir auch Spaß machen Um Unterstützung bitten (Partner:in) Kindern auch sagen, wie es mir geht
Schwierige Gedanke, Gefühle, Empfindungen: Ungeduld, Ärger, Gereiztheit, Zeitnot, Selbstkritik, geringer Selbstwert »Ich will nur meine Ruhe«, »Warum ist das immer so anstrengend?«,»Ich kann das nicht«, »Ich bin eine schlechte Mutter/ein schlechter Vater«, »Ich werde das nie schaffen«, »Die andern sind viel besser«, »Es sollte doch schön sein«	**Werte – Was mir wichtig ist:** Meine Familie Eine gute Mutter/ein guter Vater sein Zeit mit meinen Kindern verbringen Meine Kinder unterstützen Fürsorglich sein Mit meinen Kindern geduldig sein Grenzen setzen Spaß mit den Kindern haben

Schön und gut, aber wie kommen Sie jetzt vom Weg-von-Verhalten zu den Hin-zu-Handlungen? Sie haben es erraten: Genau dabei helfen Ihnen Ihre Superkräfte.

Da Sie sich dieses Buch gekauft haben, ist es recht wahrscheinlich, dass es in Ihrem Leben momentan zu viel Weg-von-Verhalten und zu wenig Hin-zu-Handlungen gibt. Vielleicht ist Ihr Leben gerade ein wenig aus dem Gleichgewicht geraten? Mithilfe der Matrix können sie dieses Gleichgewicht wiederherstellen, indem Sie Weg-von-Verhalten reduzieren und mehr und mehr Hin-zu-Handlungen in Ihr Leben aufnehmen. Das erfordert Arbeit und Üben. Auch die beste Superkraft hilft nur, wenn Sie sie tatsächlich anwenden. Daher: Sobald innere Hindernisse auftauchen (Quadrant 2), setzen Sie Ihre Superkräfte hemmungslos ein!

Schauen Sie sich nun in einem letzten Schritt Ihre persönliche Matrix noch einmal an. Schauen Sie, welche Vermeidungsstrategien im Quadranten 3 auftauchen. Fusion? Erlebensvermeidung? Unwirksames Handeln? Und nun schauen Sie in den Quadranten 4 – was brauchen sie, um mehr Hin-zu-Verhalten in Ihr Leben zu bringen, und welche Ihrer Superkräfte können Ihnen dabei helfen? Weitere konkrete Anregungen dazu finden Sie in Kapitel 5.

Und nun halten Sie noch einen Moment inne und nehmen Sie wahr, wo sich die Linien in der Mitte, am Entscheidungspunkt, schneiden. Nehmen Sie sich dabei achtsam wahr, wie Sie sich dabei wahrnehmen (Beobachter-Selbst). Vergegenwärtigen Sie sich, dass Sie an jedem Punkt Ihres Lebens die *Entscheidung* treffen können, in welche Richtung Sie sich bewegen. Die Matrix ist dabei Ihr Hilfemittel für den Alltag, Ihre Entscheidungshilfe, um Klarheit und Überblick in schwierigen Situationen zu bekommen. Immer wenn Sie merken, dass Sie sich auf der »linken« Seite (Quadrant 2 und 3) befinden, dann verbinden Sie sich mit Ihren Herzquadranten (1) und schauen Sie, was ihnen wirklich wichtig ist. Manchmal verlieren wir das bei all den Anforderungen unseres Alltages aus den Augen. Im Quadranten 4 können Sie dann jede Menge Ideen finden, wie Sie es umsetzen können. Mithilfe der Matrix können Sie sich immer, in jedem Augenblick Ihres Lebens, vergegenwärtigen, in welchen Quadranten Sie sich gerade befinden, und dann eine Entscheidung treffen, die gut für Sie ist. Oftmals hilft diese Klarheit schon dabei, aus alten Mustern auszusteigen und den Weg in Richtung Ihrer Werte (wieder) einzuschlagen. Es ist ein bisschen so wie beim Navi: »Ihre Route wird jetzt neu berechnet« – Sie habe an jeder Weggabelung die Möglichkeit innezuhalten, Ihre Richtung zu wechseln und einen neuen Weg zu wählen.

Das Blatt steht auch zum Download zur Verfügung unter:
www.verhaltenstherapie-muenchen.de

Die Pausentaste, oder: den Autopiloten ausschalten!
Eine weitere gute Alltagshilfe, um aus dem Autopilotenmodus auszusteigen, um eine kleine Verschnaufpause zu schaffen und so erst mal Raum, Kapazität und Bewusstsein für den Einsatz unserer Superkräfte zu ermöglichen, ist die Pausentaste. Immer wenn es im Alltag besonders hektisch wird und Sie sich von Ihren Gedanken, Gefühlen und Empfindungen herumgeworfen fühlen, gönnen Sie sich die Pausentaste.

Und das geht so:

S (Slow Down)	–	**Tempo rausnehmen und Innehalten und:** Atmen! Langsam und achtsam. Kontakt mit dem aktuellen Augenblick aufnehmen. Weiteratmen.
T (Take Note)	–	**Wahrnehmen und beobachten.** Welche Gedanken, Gefühle und Empfindungen sind gerade da? Was kann ich um mich herum mit allen meinen Sinnen wahrnehmen? Was empfinde ich gerade, was tue ich gerade (nicht) und was passiert in der Welt um mich herum?
O (Open Up)	–	**Sich öffnen:** Raum schaffen für alle Gedanken, Gefühle und Empfindungen und diese einfach da sein lassen, ganz ohne Bewertung und ohne etwas zu verändern.
P (Pursue Values)	–	**Werte vergegenwärtigen:** Sich auf die eigenen Werte besinnen und dann entsprechend handeln (»Hin-zu-Verhalten«). Wo soll es für mich hingehen?

5 Das Superkräfte-Workout

We can only start where we are,
not where we like to be.
(Strosahl et al., 2012)

5.1 Wie und wo anfangen?

Dies ist eine der häufigsten Fragen, die mir in meinen Workshops und Seminaren gestellt wird. Glücklicherweise ist sie ganz klar zu beantworten: Kommt drauf an. Jaaa, ich weiß, Sie wollen eine genauere Antwort, einen Leitfaden. Aber die gute Nachricht ist: Da alle Ihre Superkräfte ineinandergreifen und sich ergänzen, ist es vollkommen egal, wo Sie anfangen. Es gibt hier kein Richtig oder Falsch. Ist das nicht entspannend?

Wie und wo Sie beginnen, kann von vielem abhängen: von Ihren Vorerfahrungen, von Ihren Vorlieben für bestimmte Superkräfte, von den Veränderungen, die Sie angehen wollen usw. Denken Sie daran: Nur Sie sind der Experte/die Expertin für sich selbst und Ihr Leben. Seien Sie daher mutig und experimentieren Sie, horchen Sie in sich hinein und schauen Sie, was für Sie nützlich ist, was Ihnen guttut. Vertrauen Sie auf Ihre eigenen Erfahrungen!

Und für alle, die es dennoch ein bisschen genauer haben wollen, folgen gleich noch einige Erfahrungswerte, Hinweise und Vorschläge zum Vorgehen.

Aber noch mal: Es ist wirklich nicht entscheidend, womit Sie beginnen. Viel wichtiger ist, *dass* Sie beginnen – und dranbleiben. Bleiben Sie neugierig, probieren Sie die Übungen ganz ohne Druck aus, schauen Sie, was Ihnen Spaß (!) macht, welches Ihre Lieblingsübungen sind – experimentieren Sie. Hier ein paar Anregungen für Ihre Superkräfte im täglichen Einsatz:

Übersicht: Die Superkräfte im täglichen Einsatz oder »Was setze ich wann ein?«

Die Superkraft Achtsamkeit: Anwesend sein im Augenblick

Wann sie hilfreich ist:

- Immer
- Wenn Sie gerade von Ihren Gedanken und Gefühlen arg gebeutelt werden
- Wenn Sie in alten Mustern feststecken und nur noch »reagieren«
- Wenn Sie immer wieder in dieselbe »Falle« laufen

Wie sie wirkt:

- Achtsamkeit ist die Basis für jede Veränderung
- Die Superkraft der Achtsamkeit hilft Ihnen in schwierigen Momenten, sich zu ankern, ganz bei sich zu sein und den (Gefühls- und Gedanken-) Sturm vorbeiziehen zu lassen, bis der Himmel wieder klar ist.
- Sie können innehalten und erfahren, dass Sie Ihr inneres Erleben (also auch unangenehme und beängstigende Gefühle) wahrnehmen können, ohne dass Sie unmittelbar darauf reagieren müssen, ohne dass diese Gefühle Sie zu irgendeinem Verhalten »zwingen«
- Dadurch erweitert sich Ihr Handlungsspielraum und Sie gewinnen mehr Lebensqualität. Dies ermöglicht Ihnen langfristig, dass Sie wählen können, wie Sie sich in einer Situation verhalten wollen, je nachdem, was gut für Sie ist, was Sie näher zu Ihren Werten bringt (nicht zu verwechseln mit dem, was Ihnen kurzfristig vermeintlich guttut!)

Superkraft Defusion: Abstand gewinnen

Wann sie hilfreich ist:

- Wenn Ihr:e innere Kritiker:in laut, uncharmant und nervig ist
- Wenn Ihr:e innere Antreiber:in gnadenlos ist
- Bei Selbstabwertung
- Beim Katastrophisieren
- Bei Sorgenschleifen
- Wenn Sie denken, dass Sie zu faul, zu dick, zu dumm, zu schwach, zu irgendwas sind, dass mit Ihnen irgendetwas nicht in Ordnung ist ...

Wie sie wirkt:

- Sie entwickeln eine gesunde Distanz zu destruktiven oder nicht hilfreichen Gedanken und Bewertungen und brauchen sich nicht mehr von diesen herumschubsen zu lassen. Sie merken im Alltag immer schneller, wann Sie sich in (nicht hilfreiche) Gedanken verstricken, und können »aussteigen«, diese Gedanken sich selbst überlassen und sich auf das konzentrieren und das tun, was Ihnen wirklich wichtig ist
- Anstatt sich von Ihren Gedanken und Gefühlen herumschubsen oder gar beherrschen zu lassen, können Sie sich von ihnen leiten lassen (oder eben auch nicht). Und desto mehr Flexibilität, Entscheidungs- und Handlungsfreiheit haben Sie

Superkraft Akzeptanz: Annehmen, was ist

Wann sie hilfreich ist:

- Wenn Sie gegen Ihr inneres Erleben kämpfen
- Wenn Sie mit Ihren Emotionen, Gedanken, Empfindungen im Clinch liegen
- Wenn Sie Ihr inneres Erleben kontrollieren wollen und sich dabei aufreiben
- Bei Leid, Schmerz, Trauer, Wut, Verbitterung, Hoffnungslosigkeit ...
- Ganz allgemein, wenn der Lebensweg gerade steinig ist

Wie sie wirkt:

- Der Teufelskreis des automatischen Dagegenankämpfens wird unterbrochen. Es kehrt Ruhe ein, es öffnen sich Räume, Sie können wieder durchschnaufen. Dadurch wird Energie frei, Energie, das zu tun, was Ihnen wirklich wichtig ist

Superkraft Beobachter-Selbst: sich selbst zuschauen können

Wann sie hilfreich ist:

- Wenn Sie in alten Mustern feststecken
- Wenn Sie sich durch Selbstzuschreibungen, (alte) Überzeugungen, Erinnerungen, Rollen selbst einengen
- Wenn Sie das Gefühl haben, in einem inneren Gefängnis festzustecken
- Wenn Ihr Handlungsspielraum eng geworden ist

Wie sie wirkt:

- Sie können neue Perspektiven einzunehmen, und zwar von einem sicheren Standort aus. Sie erleben, dass Sie zwar jede Menge Gefühle, Gedanken, Überzeugungen, Erinnerungen, Selbstzuschreibungen und Rollen *haben*, dass Sie aber all dies nicht *sind* (sondern sehr viel mehr!)

Superkraft Wertekompetenz – der innere Kompass: wissen und wählen, was wichtig ist

Wann sie hilfreich ist:

- Wenn Sie sich orientierungslos und leer fühlen
- Wenn Sie das Gefühl haben, das Leben zieht an Ihnen vorbei
- Wenn Sie das Gefühl haben »Das kann doch nicht alles sein«
- Wenn Sie sich unzufrieden, unmotiviert oder antriebslos erleben

Wie sie wirkt:

- Werte geben Ihrem Leben eine Ausrichtung, sie sind sozusagen das »Warum« hinter dem, was wir tun. Diese Superkraft hilft Ihnen, sich darauf zu besinnen, was in Ihren Leben wirklich eine Rolle spielt. Sie hilft, fokussiert zu bleiben, motiviert Sie und weist Ihnen immer wieder den für Sie richtigen Weg

Superkraft Commitment: Entschlossen handeln

Wann sie hilfreich ist:

- Immer wenn der innere Schweinehund auftaucht.
- Bei Ausreden und Vermeidungsstrategien
- Wenn Sie sich selbst ein Bein stellen

Wie sie wirkt:

- »Es gibt nichts Gutes außer man tut es« (Erich Kästner) – und genau das erleben Sie hier
- Sie verlassen die Zuschauerränge und werden wieder zu:r Protagonist:in Ihres Lebens
- Sie nehmen die Dinge in die Hand, setzen etwas in die Tat um, gestalten Ihr Leben.

5.2 Wie weitermachen und dranbleiben?

Mit Ihren Superkräften vollziehen Sie einen Paradigmenwechsel, indem Sie dem Leben und seinen Herausforderungen (inneren wie äußeren) auf eine neue Art und Weise begegnen, Sie beginnen quasi eine neue Lebensweise, um nicht zu sagen Lebens*kunst*. Das läuft nicht immer von Anfang an geschmeidig.

Dazu wollen wir uns kurz zwei Fachbegriffe anschauen: Habit Building und Delayed Gratification. (Wen die Hintergründe nicht interessieren, der kann gleich bei den Wochentabellen weiterlesen.) Habit Building, also der Aufbau neuer Gewohnheiten, bedeutet nichts anderes, als kleine Veränderungen in den täglichen Tagesablauf zu integrieren und so allmählich neue Gewohnheiten dauerhaft zu etablieren. Klingt einfach, aber leider gibt es einen Stolperstein, Sie ahnen es, die Delayed Gratification, die verzögerte Belohnung (diese ist übrigens auch einer der Hauptgründe, warum so viele gute Vorsätze scheitern). Das bedeutet, dass wir für unsere Verhaltensänderung nicht unmittelbar »belohnt« werden, wir erleben nicht unbedingt *sofort* einen positiven Effekt. Im Gegenteil, oftmals erleben wir erst mal nur Mühe, Anstrengung, Angst, Wut, Irritation oder Frust. Wie gemein, jetzt haben wir uns schon mal aufgerafft, sind mit den besten Vorsätzen gestartet, und jetzt das![17] Leider funktioniert das menschliche Lernen so, dass unmittelbare, also kurzfristige, Konsequenzen mehr wiegen und damit unser Verhalten mehr beeinflussen als verzögerte, also langfristige Konsequenzen. Alle, die schon mal versucht haben, mit dem Rauchen aufzuhören oder eine Diät durchzuhalten, wissen, wovon wir hier sprechen. Es wird also nur das Verhalten verstärkt, für das wir unmittelbar eine Belohnung erhalten. Mist. Also, was tun? Leider gibt es dafür wieder mal kein Patentrezept.

Aber, Sie ahnen es schon, auch hier helfen Ihnen Ihre Superkräfte. Mithilfe der Superkräfte schaffen Sie sich Ermöglichungsräume für

17 Für alle, die eine einschlägige Studie zur Frustrationstoleranz nachlesen möchten: W. Mischel (2016): Der Marshmallow-Effekt.

neue positive Erfahrungen. Die psychische Flexibilität, die Sie damit erreichen, wird Ihnen helfen, dranzubleiben und auch mit allen möglichen unterwegs auftauchenden Schwierigkeiten auf eine neue Art und Weise umzugehen. Also, probieren Sie etwas aus, üben Sie, nur so können Sie allmählich in eine neue Haltung hineinwachsen, in der Ihnen Ihre Superkräfte ganz natürlich zur Verfügung stehen. Nutzen Sie zum Dranbleiben auch das Superkräfte-Workout im nächsten Kapitel.

Veränderungsarbeit ist immer ein Abenteuer und dass es einfach sein wird, hat keine:r behauptet. Und noch mal, damit es kein Missverständnis gibt: Die ACT und ihre sechs Superkräfte sind kein »Zauberstab«, der auf magische Art und Weise Ihr Leben in Ordnung bringt. Sie sind eine neue und andere Art und Weise, mit unserem inneren Erleben umzugehen und uns mehr Wahlmöglichkeiten zu eröffnen und somit unsere Lebensqualität zu erhöhen, nicht mehr und nicht weniger.

5.3 Umsetzung im Alltag (Workout-Wochenpläne)

Und nun: Wie können Sie das alles im Alltag ein- und umsetzen? Ich empfehle, jede Superkraft erst einmal für sich zu kultivieren. Und sich dafür jeweils am besten zwei bis vier Wochen Zeit zu nehmen (je nachdem, wie viel Sie sonst noch so zu tun haben und wie intensiv Sie üben möchten). Und wenn Sie jetzt gleich nachrechnen und denken »Oje, sechs Superkräfte mal vier Wochen, das ist ja ein halbes Jahr!« – dann denken Sie schnell noch einmal nach und überlegen Sie, wie lange Sie sich schon mit Ihren jeweiligen Problemen herumschlagen. Und wie viel Lebenszeit noch vor Ihnen liegt.

Es empfiehlt sich auch, eine gute Regelmäßigkeit zu entwickeln. Wenn Sie die ganze Woche Ihre Zähne nicht putzen und dann am Sonntagabend eine halbe Stunde lang, so ist das keine gute Idee. Auch wenn Sie Ihre Blumen einen Monat lang nicht gießen und dann am Monatsende einen Eimer Wasser darüber schütten, werden Ihre Blumen nicht lange leben. Genauso ist das mit den Superkräften. Sie wollen regelmäßig gepflegt und eingesetzt werden. Hier gilt: Use it or lose it.

Beobachten Sie bei jedem Veränderungsschritt, bei jeder neu umgesetzten Verhaltensweise ganz achtsam, wie sie sich auf Ihr Leben auswirkt. Vertrauen Sie Ihrer Erfahrung. Schauen Sie, wie es *für Sie* funktioniert. Ihr eigenes Erleben ist hier die einzige Autorität. Und das bedeutet keineswegs, den kurzfristigen Gefühlen zu folgen, also sich von kurzfristiger Lust oder Unlust leiten zu lassen. Im Gegenteil: Entscheidend ist, wie es sich langfristig auf Ihr Leben auswirkt, ob es Sie näher zu Ihren Werten bringt, ob es Sie als der Mensch durchs Leben gehen lässt, der Sie sein wollen.

Es folgt ein kleiner Vorschlag für einen Superkräfte-Trainingsplan. Wenn Sie mögen, können Sie sich daran orientieren. Sie können dabei jeden Tag eine andere Superkraft üben oder sich für jede Superkraft einige Wochen Zeit nehmen, ganz wie es Ihnen am meisten entspricht.

Das Superkräfte-Workout – Mein täglicher »Trainingsplan«

Tag / Woche 1: Achtsamkeit – anwesend sein im Augenblick

Im Alltag: Was und wie tun?

Der heutige Tag ist ganz dem Gewahrsein gewidmet, dem Präsentsein im Hier und Jetzt. Probieren Sie aus, welche Achtsamkeitsstrategien Ihnen am meisten liegen und am meisten Freude (!) machen. Pendeln Sie mit Ihrer Aufmerksamkeit hin und her zwischen Ihrem inneren Erleben (Körperempfindungen, Gedanken, Gefühle) und der Außenwelt (alles, was Sie mit Ihren Sinnen wahrnehmen können). Versuchen Sie, Dinge auf ungewohnte Art und Weise zu tun (z. B. Ihre nichtdominante Hand nehmen) und »ungewöhnliches Alltägliches« zu beobachten, also Dinge auf die Sie normalerweise nicht achten, z. B. Geräusche und Gerüche. Sie können sich auch einen unregelmäßigen Alarm ins Handy setzen, der Sie den Tag über daran erinnert, innezuhalten und einfach nur wahrzunehmen.

Ich bin hier im Augenblick und nehme gerade wahr ...

Übungsvorschläge[18]

- Achtsamkeitsübung (2) – Variante 2: Der geschenkte Augenblick
- Achtsamkeitsübung (4): Der leichte und der noch leichtere Weg
- Achtsamkeitsübung (6): Achtsamkeit im Alltag

Tag / Woche 2: Defusion – Abstand gewinnen

Im Alltag: Was und wie tun?

Der heutige Tag ist ganz Ihren Gedanken gewidmet. Nehmen Sie alles, was kommt, achtsam wahr, alles, was Ihnen durch den Kopf geht. Lassen Sie es da sein. Und dann lassen Sie es auch wieder weiterziehen. Versuchen Sie nichts festzuhalten. Probieren Sie verschiedene Defusionsmethoden aus und finden Sie heraus, welches Ihre Lieblingsdefusionsmethoden sind.

Ich *habe* gerade diesen Gedanken, *bin* aber nicht mein Gedanke.

Übungsvorschläge

- Defusionsübung (6): Gedanken benennen (Mein Geist sagt gerade …)
- Defusionsübung (7): Die Lieblingsgeschichte würdigen
- Defusionsübung (4): Blätter im Fluss

Tag / Woche 3: Akzeptanz – annehmen, was *ist*

Im Alltag: Was und wie tun?

Der heutige Tag ist ganz dem Annehmen, dem Sicheinlassen gewidmet. Immer wenn schwierige Gedanken, Gefühle oder Empfindungen auftauchen, nehmen Sie diese wahr und schaffen Sie Raum dafür, lassen Sie sie einfach da sein. Sie müssen sie nicht mögen, lediglich da sein lasen. Sagen Sie sich: **Ich bin *bereit*, genau dies jetzt zu fühlen, es darf da sein, es ist in Ordnung.**

Übungsvorschläge

- Akzeptanzübung (5): Das Tagebuch des Innehaltens
- Akzeptanzübung (7): Die Gefühlsformel für den Alltag
- Akzeptanzübung (8): Auf die Haltung kommt es an

18 Dies ist eine sehr persönliche und daher willkürliche Auswahl. Am besten Sie stellen sich Ihre eigene Favoritenliste zusammen mithilfe des Arbeitsblattes am Ende dieses Kapitels. Weitere Übungen finden Sie in den jeweiligen Kapiteln.

Tag / Woche 4: Das Beobachter-Selbst – sich selbst zuschauen können

Im Alltag: Was und wie tun?

Der heutige Tag ist ganz Ihrem Beobachter-Selbst gewidmet. Heute werden Sie immer mal wieder neben sich stehen. Nehmen Sie Kontakt mit Ihrem Beobachter-Selbst auf und beobachten Sie sich aus dieser Perspektive: Was würden Sie sehen, wenn Sie sich selbst und all Ihren Gedanken, Gefühlen und Empfindungen auf einer Theaterbühne zuschauen könnten? Was könnten Sie wahrnehmen, wenn Sie als Vogel über der Situation kreisen und auf sich selbst hinunterschauen? Was würden Sie aus einer Position in zehn Jahren in der Zukunft zu sich sagen? Oder Sie stellen sich immer mal wieder die Frage: **Wer nimmt dies gerade wahr?**

Übungsvorschläge

- Beobachter-Selbst-Übung (1): Der/die innere Beobachter:in (auch als Audio)
- Beobachter-Selbst-Übung (3): Der Theatersaal
- Beobachter-Selbst-Übung (8): Mein Leben als Schachbrett

Tag / Woche 5: Wertekompetenz – Der innere Kompass: Wissen und wählen, was wichtig ist

Im Alltag: Was und wie tun?

Der heutige Tag ist ganz Ihren Werten gewidmet. Heute konzentrieren Sie sich ganz auf das (Er-)Leben, also das Umsetzen eines (oder mehrerer) Ihrer Werte. Überlegen Sie sich, wie Sie sich Ihrem Wert entsprechend verhalten können, welche Gelegenheiten es heute dazu gibt – und dann setzen Sie es um. Überlegen Sie, was Sie vielleicht noch dazu brauchen, welche Personen oder Gelegenheiten Sie aufsuchen möchten oder was der Tag sowieso an Situationen mit sich bringt, in denen Sie Ihre Werte ganz bewusst leben können.

Heute liegt mir am Herzen … Heute widme ich meine Zeit und Energie …

Übungsvorschläge

- Beobachter-Selbst-Übung (5): Die Zielscheibe
- Beobachter-Selbst-Übung (7): Unerledigte Geschäfte
- Beobachter-Selbst-Übung (11): Mein Werte-Tagebuch
- Beobachter-Selbst-Übung (13): Mein Geheimnis

Tag/Woche 6: Commitment – entschlossen handeln

Im Alltag: Was und wie tun?

Der heutige Tag steht ganz im Zeichen des Umsetzens. Machen Sie Ihre ersten winzigsten Schritte, tun Sie etwas Neues, vielleicht etwas Wagemutiges, etwas, das Sie in Richtung Ihrer Werte führt. Seien Sie kreativ und vergessen Sie nicht: Das kann und darf auch Spaß machen!

Heute tue ich ...

Übungsvorschläge

- Commitmentübung (3): Der winzigste Schritt
- Beobachter-Selbst-Übung (4): Würzen und genießen
- Beobachter-Selbst-Übung (5): Ja, ich tu's – Selbstverpflichtung

Tag/Woche 7: Der Tanz mit den Superkräften oder »Wie bringe ich alles zusammen?«

Im Alltag: Was und wie tun?

Nach der Pflicht kommt bekanntermaßen die Kür. Jetzt, wo Ihnen Ihre Superkräfte alle zur Verfügung stehen, können Sie anfangen, damit zu spielen und zu »tanzen«. Wechseln Sie ganz flexibel und je nach Bedarf von einer zur anderen, je nachdem, was Sie gerade brauchen. Verlassen Sie sich dabei ganz auf Ihre eigene Erfahrung.

Übungsvorschläge

- Die Matrix
- Eigene Übungstabelle mit Lieblingsübungen erstellen (s. Arbeitsblatt)

Arbeitsblatt: Das Superkräfte-Workout – Mein täglicher »Trainingsplan«[19]

Das Superkräfte-Workout – Mein täglicher »Trainingsplan«

Superkraft		Meine drei Lieblingsübungen	Notizen / Beobachtungen
Achtsamkeit – anwesend sein im Augenblick	*Was ist jetzt gerade da? An innerem Erleben, Gedanken, Gefühlen, Empfindungen?* Ich bin hier im Augenblick und nehme gerade wahr …		
Defusion – Abstand gewinnen	*Was erzählt mir mein Geist gerade? Muss ich das alles glauben? Muss ich mich davon herumschubsen lassen? Muss ich mich danach verhalten? Oder kann ich wählen, wie ich mich verhalten möchte?* Ich ***habe*** gerade diesen Gedanken, ***bin*** aber nicht mein Gedanke.		
Akzeptanz – Annehmen, was ***ist***	*Kann ich dem, was gerade da ist, Raum geben? Und es einfach da sein lassen? Jetzt?* Ich bin ***bereit***, genau dies jetzt zu fühlen, es darf da sein, es ist in Ordnung.		

19 Auch zum Download auf: www.verhaltenstherapie-muenchen.de

Beobachter-Selbst – Sich selbst zuschauen können	*Kann ich innehalten, atmen, eine »Schachbrettposition«(Perspektivwechsel, Vogelperspektive) einnehmen, mir selbst zuschauen von einem sicheren inneren Standort aus?* Wer nimmt dies gerade wahr?		
Wertekompetenz – Der innere Kompass: Wissen und wählen, was uns am Herzen liegt	*Was ist mir wirklich wichtig? Wo will ich langfristig hin? Wer und was liegt mir am Herzen? Wofür will ich meine Zeit und Energie einsetzen?* Heute liegt mir am Herzen ... Heute widme ich meine Zeit und Energie ...		
Commitment – entschlossen handeln	*Was kann ich jetzt umsetzen? Wie verhalte ich mich entsprechend meiner Werte? Wie gehe ich einen Schritt auf das zu, was mir wichtig ist? Was ist der winzigste Schritt, den ich tun kann? Jetzt?* Heute tue ich ...		

5.4 Was kann Ihnen noch helfen bei der Umsetzung Ihrer Superkräfte?

- Fragen Sie sich immer, *wozu* Sie etwas tun oder erreichen wollen – seien Sie sich der Werte hinter Ihren Zielen bewusst! Prüfen Sie in Ihrem Herzen, ob es für Sie wirklich Wert-voll ist. Orientieren Sie sich an Werten, die wirklich die Ihren sind und nicht von der Gesellschaft oder irgendjemand aus Ihrem Umfeld kommen. Verfolgen Sie also nur für Sie wirklich Wert-volle Ziele. Das wird Ihre Motivation hochhalten, auch wenn der Weg steil und steinig wird.
- Bloß kein Perfektionismus! Jede Veränderung ist ein Prozess. Trauen Sie sich, Fehler zu machen, getreu dem Motto: »Don't be perfect, be present.« Viel wichtiger, als perfekt zu starten, ist der Mut und die Entschlossenheit, dranzubleiben, sich nicht entmutigen zu lassen und wieder aufzustehen, wenn man hingefallen ist. »If it is okay to fail, then it is okay to try.«
- Setzen Sie sich nicht zu große Ziele, fangen Sie mit kleinen Schritten an. Suchen Sie sich Veränderungen aus, die für Sie schnell und leicht umzusetzen sind. Veränderung darf auch mal mühelos gehen! Klein anfangen und langsam wachsen ist nachhaltiger und weniger anfällig für Frustrationserlebnisse, als gleich mit Riesenschritten loszulegen.
- Nutzen Sie den Dominoeffekt: kleine Veränderung, große Wirkung. Oftmals, wenn wir eine Veränderung in einem Bereich vornehmen, werden allein dadurch schon Veränderungen in anderen Bereichen angestoßen. Also, fangen Sie an einem Punkt an, verändern Sie eine Sache, beobachten Sie aufmerksam, was passiert, dann justieren Sie nach.
- Belohnen Sie sich für Ihre Fortschritte.
- Würdigen Sie den Prozess, nicht das Ergebnis. Manchmal sind wir zu sehr auf das Endziel fokussiert und übersehen dabei die vielen kleine Teilerfolge, die wir unterwegs haben. Wenn Sie beispielsweise abnehmen möchten, starren Sie nicht auf die Waage, konzentrieren Sie sich nicht auf die 10 Kilo, sondern darauf, wie es Ihnen gelingt,

Ihre Ernährung umzustellen. Loben Sie sich für das Umsetzen, nicht für das Ergebnis (das von vielen Faktoren abhängen kann, auf die Sie vielleicht nicht immer direkten Einfluss haben).

- Suchen Sie sich Unterstützung. Suchen Sie sich Mitstreiter:innen. Auch das Kultivieren der Superkräfte geht leichter, wenn Sie Menschen an Ihrer Seite haben und es gemeinsam machen können. Erstens macht es mehr Spaß, Dinge gemeinsam anzugehen, und zweitens bleibt man dann auch leichter dran.
- Bleiben Sie neugierig und experimentieren Sie. Immerhin begeben Sie sich gerade auf eine Lebens(kunst)reise.
- Etablieren Sie Routinen. Hängen Sie Ihre Übungen und neuen Verhaltensweisen an Tätigkeiten an, die Sie ohnehin regelmäßig ausführen. So werden Sie sie nicht vergessen.
- Machen Sie es sich leichter, indem Sie sich kleine Erinnerungen setzen. Das kann alles sein, vom Alarm im Handy über das Post-it am Kühlschrank bis zum vereinbarten Erinnerungsanruf einer Freundin oder eines Freundes.
- Gehen Sie freundlich und verständnisvoll mit sich um!
- Und last but not least: Vergessen Sie nicht, Freude und Spaß dabei zu haben. Schließlich ist es Ihre Lebenszeit!

5.5 Warum ich dieses Buch geschrieben habe

Auf die Gefahr hin, pathetisch zu klingen, und dieses Risiko gehe ich hier gerne ein: aus Begeisterung, Freude und Dankbarkeit!

Die ACT hat mein Leben verändert. In vielerlei Hinsicht. Auf vielen Ebenen, beruflich und privat. Und auch das vieler meiner Patient:innen, Klient:innen, Kolleg:innen, Supervisand:innen und Workshopteilnehmer:innen.

Das möchte ich weitergeben. Verzeihen Sie daher, wenn ich mich an manchen Stellen ein wenig von meiner Begeisterung davontragen lasse. Das passiert fast zwangsläufig, wenn man erleben darf, wie etwas wieder und wieder funktioniert, wie etwas die Menschen befähigt, ein erfüllendes Leben zu führen – dann möchte man das Thema möglichst vielen Menschen nahebringen, damit möglichst viele Menschen davon profitieren können. Das wünsche ich mir!

Ich arbeite nunmehr bereits seit über 15 Jahren mit der ACT (Akzeptanz- und Commitment-Therapie, die Therapieform, aus der die sechs Superkräften kommen), leite viele Workshops und Fortbildungen. Nachdem ich Mitte des Jahres ein Fachbuch für die Kolleg:innen (Let's ACT, ISBN 978-3-608-89274-1, Klett-Cotta) geschrieben habe, haben mich viele Menschen darauf angesprochen, ob ich nicht auch ein Buch für alle schreiben kann. Das habe ich hiermit getan.

Und noch etwas liegt mir am Herzen: Es geht hier zwar um Veränderung, jedoch nicht um Selbstoptimierung! Dieses Buch ist aus der tiefsten Überzeugung geschrieben, dass Selbsthilfe, wie sie meist betrieben wird, nämlich als ständige Selbstoptimierung, nicht funktioniert. Wir können aufhören, uns hier etwas vorzumachen. Selbstoptimierung im Sinne von »Mit mir stimmt etwas nicht und muss repariert werden« ist eine Falle. Es wird nie der Tag kommen, an dem alles an uns »optimal« ist (was auch immer das bedeutet). Und das ist auch gut so.

Was aber, wenn jetzt schon alles so in Ordnung ist, wie es eben ist, eben *weil* es so ist, wie es ist? Wenn das eigentliche Problem nicht ist, dass mit uns irgendetwas nicht stimmt, sondern vielmehr unser ewiger Kampf mit …, ja womit eigentlich?

Und genau hier setzt die ACT an.

Die ACT kommt ursprünglich aus den USA, dort wurde sie bereits in den 1980er-Jahren entwickelt. Es hat ein bisschen gebraucht, bis sie in Deutschland salonfähig geworden ist. Traditionell waren viele Fachleute hierzulande der ACT gegenüber skeptisch. Ich selbst war eine der Ersten, die die ACT in Deutschland angewendet haben. Damals war die Fachwelt, also viele meiner Kolleg:innen, gelinde gesagt, zurückhaltend. Es hieß damals sogar, die ACT »ist keine Verhaltenstherapie«. Heutzutage zählt sie zur sogenannten dritten Welle der Verhaltenstherapie. Mehr noch, als eines der achtsamkeitsbasierten Verfahren ist sie derzeit geradezu »angesagt«. Ich grinse dabei und freue mich.

Über die Jahre durfte ich viele Klient:innen in meiner Praxis und auch Kolleg:innen in zahlreichen Workshops mit dem Ansatz bekannt machen. In dieser Zeit habe ich immer wieder die eindrucksvolle Wirkmacht der ACT und ihrer sechs Kernprozesse erlebt. Ich empfinde dies als ein großes Privileg und möchte mich an dieser Stelle herzlich bedanken bei allen, die ich dabei begleiten durfte. Vor allem bei meinen Klient:innen, die mir ihr Vertrauen entgegengebracht haben, mir erlaubt haben, sie ein Stück auf ihrem Lebensweg zu begleiten, und offen dafür waren, mit mir zusammen die »verrückten« Methoden der ACT auszuprobieren. Viele der gemeinsam erlebten Veränderungen bleiben lebhaft in meinem Gedächtnis.

Dankeschön!

Und in diesem Sinne wünsche ich mir, dass dieses Buch Sie ebenso begeistert und inspiriert wie mich und Ihnen neue Türen in Ihrem Leben öffnet.

Wenn Sie die Therapie mit der ACT interessiert, hier ein Auszug aus meiner Homepage:

Die ACT ist eine ganz besondere Therapieform: Sie gehört zur sogenannten dritten Welle der Verhaltenstherapie und verbindet die neuesten neurophysiologischen und verhaltenswissenschaftlichen Erkenntnisse mit dem uralten Wissen fernöstlicher Achtsamkeitspraxis.

Was zeichnet die ACT aus? Der Grundsatz der ACT heißt »Vom Leiden zum Leben«. Somit ist die ACT in erster Linie ressourcenorientiert und nicht problemorientiert. Die Behandlung orientiert sich dabei an den sechs Kernprozessen (Fähigkeiten), die den Menschen zu mehr psychischer Flexibilität verhelfen. Dies wiederum führt zu mehr Handlungsfreiheit und damit letztlich zu mehr Lebensqualität.

In der Therapie geht es ganz viel um Ihre persönliche Werte, um das was Ihnen in Ihrem Leben wichtig ist, was Ihnen am Herzen liegt. Wo es für Sie hingehen soll. Um das Entwickeln einer Sinnperspektive. Und es geht um das Präsentsein im Hier und Jetzt, denn unser (Er-)Leben kann nur im augenblicklichen Moment stattfinden. Es geht um die Akzeptanz dessen, was ist. Um das Aufgeben des kräftezehrenden (und sinnlosen) Kampfes gegen Gegebenheiten, auf die wir wenig Einfluss haben. Und, last but not least, geht es darum, (wieder) ins Handeln zu kommen. Das zu tun, was uns wirklich am Herzen liegt, uns in die Richtung zu bewegen, die unseren Werten entspricht. Also das eigene Leben (wieder) Wert-voll zu gestalten.

Die ACT ist eine erlebensorientierte Therapie, das heißt, wir werden in Laufe der Therapie viele praxisnahe Übungen zusammen machen. Auf der nächsten Seite sehen Sie zum Beispiel das Angstmonster, das Sie gerade zu sich auf die Couch auf eine Tasse Kaffee eingeladen haben. Das Angstmonster steht hier sinnbildlich für Ihr persönliches Monster, das Unzulänglichkeitsmonster, Hilflosigkeitsmonster, Perfektionismusmonster, Versagermonster, Ich-bin-nicht-gut-genug-Monster, Du-schaffst-das-nie-Monster, Depressionsmonster, Traumamonster, Ich-hab-immer-Pech-Monster oder wie immer Ihre persönlichen Monster auch heißen mögen.

Die ACT ist ein transdiagnostischer Ansatz. Das bedeutet, die ACT kann bei den verschiedensten Krankheitsbildern angewandt werden. Besonders wirksam hat sie sich bislang erwiesen bei Belastungsstörungen (Burnout), Anpassungsstörungen, Depressionen und bei allen Formen von Angst- und Zwangsstörungen sowie Schmerzstörungen. Ihre Wirksamkeit hat sie mittlerweile in Hunderten von Forschungsergebnissen unter Beweis gestellt.[20]

Feedback einiger Klient:innen zur Therapie mit ACT

Liebe Frau Dr. Klingen,
ich möchte mich für Ihre Therapie mit ACT bedanken. Wie Sie ja wissen, hatte ich eine längere Therapiegeschichte mit verschiedenen

20 Einen aktuellen Überblick über den Stand der Forschung findet man auf der Homepage der *Association for Contextual Behavioral Science* (https://contextualscience.org): ACT Randomized Controlled Trials since 1986.

Therapeuten und Methoden hinter mir. Erst Ihre Therapie mit ACT hat mir geholfen, mit meinem Leben wieder klar zu kommen. Dafür möchte ich mich nochmals bedanken!
M. R.

... ein Jahr nach der Therapie bei Ihnen muss ich Ihnen schreiben, denn: die ACT und ihre Kernprozesse haben mein Leben verändert. Vorher war alles grau, zäh, schwierig, dunkel, keine Lebensfreude, keine Energie, eigentlich gar nichts mehr. Und jetzt lebe ich wieder! Einen ganz herzlichen Dank für Ihre Hilfe!
A. O.

... ich war ja anfangs der ACT-Therapie gegenüber sehr skeptisch. Jetzt kann ich aber nur sagen: toll! Habe einen ganz neuen Blick auf vieles gewonnen. Vor allem aber hat meine Leben wieder eine Richtung bekommen. Vielen Dank für die Unterstützung, Ihre Unermüdlichkeit, Ihre Begeisterung und Beharrlichkeit
E. K.

Die ACT ist mehr als eine Therapie – sie ist Lebenskunst.

Übrigens …

Gendern: Ich habe mir auch für dieses Buch wieder Gedanken gemacht, wie ich am liebsten mit dem Gender-Thema umgehen möchte. Da ich selbst Gender-Seminare leite und auch meine Dissertation sich mit einem Gender-Thema beschäftigte, lege ich auf dieses Thema durchaus Wert. In meinem letzten Buch hatte ich mich dazu entschlossen, aufgrund der leichteren Lesbarkeit durchgängig die weibliche Form zu verwenden. Diesmal habe ich mich für den Gender-Doppelpunkt entschieden. Ich hoffe, dass sich alle darin wiederfinden, es sind selbstverständlich immer alle Geschlechter, auch diverse und non-binäre Personen gemeint.

Rechte: Wir haben uns redlich bemüht, alle Rechteinhaber ausfindig zu machen, verlagsüblich zu nennen und zu honorieren. Sollte uns dies im Einzelfall aufgrund der schlechten Quellenlage (und des Open-Source-Grundsatzes bei der ACT) bedauerlicherweise einmal nicht möglich gewesen sein, möchten wir uns dafür entschuldigen, es war keine Absicht.

Achtung: Selbstverständlich kann dieses Buch keine Psychotherapie ersetzen. Mein Anliegen ist es hier, Anregungen zu geben, Denk- und Verhaltensänderungen anzustoßen, Hilfe zur Selbsthilfe zu leisten und so im besten Falle Ihre Lebenszufriedenheit zu verbessern. Wenn Sie ernste psychische Probleme haben oder unter einer klinischen psychischen Erkrankung leiden, zögern Sie nicht, sich psychotherapeutische oder ärztliche Hilfe zu holen – Psychotherapie hilft!

Zu guter Letzt: Danke

Auf dem erlebnisreichen Weg zu diesem Buch haben mich viele Menschen unterstützt und so geht mein achtsamster, herzlichster, wärmster und froher Dank an:

- alle meine Patient:innen und Workshopteilnehmer:innen und Supervisand:innen – für ihre guten Ideen und Anregungen, dafür dass ich sie ein Stück weit auf ihrer Lebensreise begleiten durfte, für ihre Geduld mit mir dabei, dafür dass wir zusammen durch die ACT-Brille geschaut haben und für alles, was ich dabei von ihnen lernen durfte.
- meine Kolleg:innen aus unserer Praxis – für Motivation, Inspiration und Anregungen und dafür, dass ich mich jeden Tag freue, in die Praxis zu gehen.
- meine Lektorin, Frau Dr. Treml-Begemann, die bereits mein erstes ACT-Buch mit mir gewagt hat und mich auch bei diesem Buch wieder auf sehr erfreuliche Weise unterstützt hat.
- meinen Kollegen Matthias Wengenroth – für unsere ACT-Intervisionen der ersten Stunde, für seine Inspiration und sein »Modell« als Autor.
- die Menschen in meinem Leben, ohne die alles nichts wäre: allen voran Claudia, Barbara, Ingrid, Alex.
- meinen Vater, der so früh gegangen ist (für das Verzeihenlehren), und meine Mutter, die so lange bleibt (für das Niemalsaufgeben).
- und, as ever, Adam: für den ewigen Erdbeerkuchen und … für's Lachen!

Literaturverzeichnis

Weiterführende Links:

www.verhaltenstherapie-muenchen.de (Homepage der Autorin. Hier finden Sie auch verschiedene Audios zu den Übungen)

ACBS (Association for Contextual Behavioral Science): www.contextualpsychology.org

DGKV (Deutsche Gesellschaft für kontextuelle Verhaltenswissenschaften): http://dgkv.info/

Literatur:

Boroson, M. (2013): *One Moment Meditation. Stille in der hektischen Welt.* Lüchow: Kamphausen Media.

Ciarrochi, J. V., & Bayley, A. (2010): *Akzeptanz- und Commitmenttherapie in der KVT.* Göttingen: Hogrefe.

Eifert, G. H. (2011): *Akzeptanz- und Commitment-Therapie (ACT).* Göttingen: Hogrefe.

Eifert, G. H. & Forsyth, J. P. (2007): *The Mindfulness and Acceptance Workbook for Anxiety.* Oakland, CA: New Harbinger.

Eifert, G. H. & Timko, A. (2012): *Mehr vom Leben. Wege aus der Anorexie - Das ACT Selbsthilfebuch.* Weinheim: Beltz

Fliegel, S. & Kämmerer, A. (2007): *Psychotherapeutische Schätze: 101 bewährte Übungen und Methoden für die Praxis.* Tübingen: dgvt.

Forsyth, J. P., & Eifert, G. H. (2010): *Mit Ängsten und Sorgen erfolgreich umgehen.* Göttingen: Hogrefe.

Gloster, A. et al. (2020): The empirical status of acceptance and commitment therapy: A review of meta-analyses. In: *Journal of Contextual Behavioral Sciences* 18:181–192.

Harris, R. (2011, 2020): *ACT leicht gemacht.* Freiburg im Breisgau: Arbor.

Harris, R. (2011): *The confidence gap*. Boston: Trumpeter Books.

Harris, R. (2012): *The reality slap*. Oakland, CA: New Harbinger.

Harris, R. (2013): *Getting unstuck in ACT*. Oakland, CA: New Harbinger.

Harris, R. (2016): *Akzeptanz- und Commitmenttherapie: 56 Bildkarten zum Erarbeiten von Werten und Zielen*. Weinheim: Beltz

Harris, R. (2018): *ACT Questions & Answers*. Oakland, CA: Context Press.

Harris, R. (2019): *ACT made simple. An Easy-to-Read-Primer on Acceptance and Commitment Therapy*. Second Edition. Oakland, CA: New Harbinger.

Hayes, S. C. (2005): *Get Out of Your Mind & Into Your Life: The New Acceptance & Commitment Therapy*. Oakland, CA: New Harbinger.

Hayes, S. C. (2020): *A liberated mind: how to pivot toward matters*. New York: Avery.

Hayes, S. C. et al. (2007): *ACT in action* (englisch, 6 Lehr-DVDs).

Hayes, S. C., & Smith, S. (2007): *In Abstand zur inneren Wortmaschine*. Tübingen: dgvt.

Hayes, S. C., Strohsahl, K. D. & Wilson, K. G. (2016): *Acceptance and Commitment Therapy*. New York: Guilford Press.

Klingen, N. (2010): *ACT – Akzeptanz- und Commitment-Therapie. Ihr Leben ist wichtiger als Ihre Angst*. In: daz (Deutsche Angst-Zeitschrift) 49, I/2010, 14–17.

Klingen, N. (2021): *Let's ACT! Akzeptanz- und Commitment Therapie für Gruppen*. Stuttgart: Klett-Cotta.

Luoma, J., Hayes, S. C. & Walser, R. D. (2009): *ACT-Training. Handbuch der Acceptance und Commitment Therapie*. Paderborn: Junfermann.

McCurry, C. (2011): *Ihr ängstliches Kind mit Achtsamkeit und Akzeptanz begleiten*. Freiburg i. Breisgau: Arbor

Mischel, W. (2016): *Der Marshmallow-Effekt. Wie Willensstärke unsere Persönlichkeit prägt*. München: Pantheon.

Neff, K. & Germer, C. (2020): *Selbstmitgefühl. Das Übungsbuch* Freiburg i. Breisgau: Arbor.

Polk, K. L. et al. (2019): *Praxishandbuch ACT-Matrix.* Berlin: Springer.
Sedley, B. (2019): *Stuff that Sucks.* Tübingen: dgvt.
Strosahl, K. D., Robinson, P. & Gustavsson, T. (2012): *Brief Interventions for Radical Change.* Oakland, CA: New Harbinger.
Tirch, D. et al. (2019): *Experiencing ACT from the Inside Out.* New York: Guilford Press.
Wengenroth, M. (2008): *Das Leben annehmen. So hilft die Akzeptanz- und Commitment-Therapie (ACT).* Bern: Huber.
Wengenroth, M. (2016): *Poster ACT: Das Hexaflex-Modell auf einen Blick.* Weinheim: Beltz.
Wengenroth, M. (2017): *Therapie Tools.* Weinheim: Beltz. 2. Aufl.
Wengenroth, M. (2019): *Gib dich nicht auf, lass dich wieder ein!* Göttingen: Hogrefe.
Westrup, D. (2014): *Advanced Acceptance & Commitment Therapy.* Oakland, CA: New Harbinger.
Westrup, D. (2017): *Learning ACT for Group Treatment.* Oakland, CA: New Harbinger.

Weiterführende Literatur:

Beck, C. Y. (1989): *Everyday Zen.* New York: HarperCollins.
Chödrön, P. (2002); *Geh an die Orte, die du fürchtest.* Freiburg i. Breisgau: Arbor.
van Deurzen, E. (2010): *Everyday Mysteries.* East Sussex: Routledge.
Frankl, V. (1977): *Das Leiden am sinnlosen Leben.* Freiburg: Herder.
Frankl, V. (1988): *Entscheidung zum Sein.* München: Piper.
Fromm, E. (1979): *Haben und Sein.* München: dtv.
Fromm, E. (1988): *Vom Haben zum Sein.* Weinheim: Beltz.
Yalom, Y. (2208): *Staring into the Sun.* San Francisco: Jossey-Bass.